彼得·帕利讲历史系列

彼得·帕利讲英国历史

（美）彼得·帕利 /著

陈经 /译

ZHEJIANG UNIVERSITY PRESS
浙江大学出版社

图书在版编目（CIP）数据

彼得·帕利讲英国历史 / (美)彼得·帕利著;陈经译. —
杭州:浙江大学出版社,2018.7
（彼得·帕利讲历史系列）
书名原文:Tales about England, Scotland, Ireland, and Wales
ISBN 978-7-308-18119-8

Ⅰ.①彼… Ⅱ.①彼… ②陈… Ⅲ.①英国−历史−通俗
读物 Ⅳ.①K561.09

中国版本图书馆CIP数据核字（2018）第065352号

彼得·帕利讲英国历史

(美)彼得·帕利　著　陈经　译

选题策划	平　静
特邀策划	稻草人童书馆·南来寒
责任编辑	平　静
文字编辑	戴秋诗
特邀编辑	鲁彦宏
责任校对	杨利军　魏钊凌
封面设计	杭州享尔文化创意有限公司
出版发行	浙江大学出版社
	（杭州市天目山路148号　邮政编码310007）
	（网址：http://www.zjupress.com）
排　　版	杭州兴邦电子印务有限公司
印　　刷	浙江省邮电印刷股份有限公司
开　　本	710mm×960mm　1/16
印　　张	19
字　　数	170千
版 印 次	2018年7月第1版　2018年7月第1次印刷
书　　号	ISBN 978-7-308-18119-8
定　　价	50.00元

浙江大学出版社发行中心联系方式：（0571）88925591；http://zjdxcbs.tmall.com

前 言

哦，朋友们，你们这样惊讶地看着我，似乎是不敢相信你们的眼睛。没错，我们又见面了，我的的确确是彼得·帕利，那个曾给你们讲世界各地许许多多故事的人。我的头发可能比以前白了，额间皱纹也多了，但我的心依然未变。我还是和以前一样爱讲故事，我曾保证过，再次相逢时，我会和你们谈一些关于英格兰、苏格兰、爱尔兰和威尔士[1]的故事，现在我要来兑现我的承诺了。

我的跛行症状已经好多了，现在走路可以不依靠拐杖了。你们看，我打扮得还是和以前一样，外套上有大大的口袋，马甲的衣摆很长，拖到了大腿中间，头发也依旧松松垮垮地搭在肩上。

由于渴望见识外面的世界，最初我当了一名水手。你们想知道我最近去了哪里吗？别急，我会慢慢告诉你们的。自我们上次交谈起，我已经在海上航行了6000英里[2]。此外，旅行途中，我还乘坐过马车、蒸汽邮船、螺旋桨船和火车。对一位老年

1

人来说，这是一件相当艰巨的事，所幸老天爷眷顾，我的身体还很健康，称得上强壮，精神也饱满。我过得平静、安宁又满足，有时我会和年轻人说故事，这一点和以前相似。我之所以这么健谈，其实是有原因的。每到一个地方，我都会就身边看到的事情进行询问，不漏掉任何一件。我爱好旅行，但也喜欢坐在家中，静静地思考遇见的事情。这很适合现在的我，毕竟随着年纪日益增长，我无法过得像以前那样积极活跃了。

在国外的时候，我告诉年轻人波士顿[3]的故事，和他们讲我那幢棕色小房子，也就是现在我们所在的这间房子。我说的每件事都令他们感到新奇，都能逗笑他们。我告诉他们，波士顿位于马萨诸塞河西边的一个角落，那里有一座坚固的城堡；在波士顿，我们制作朗姆酒[4]、长条糖块、帆布、绳索、珍珠粉；同时，我们也生产玻璃、烟草和巧克力。我也给他们描述海港和岛屿，告诉他们其中15个岛屿上有牧场和玉米地。看到他们喜欢我讲的故事，我感到很满足。

全世界的年轻人都有一个相似点，无论来自哪里，他们都喜欢聆听有趣的故事。我这一生讲过很多故事，然而，我还要继续讲下去。讲故事这件事本身，就和有人愿意听我讲故事一样，会给我带来快乐。我的房子令人感到舒适，且远离喧嚣，使人感到宁静，因此，我很少受到打扰。我热爱宁静平和，因而这房子很合我的心意。我曾颠簸于狂风大作、波涛汹涌的海面上，也曾穿梭在伦敦街头,置身于来来往往的人群与车辆之间,现在我坐在家中,心境与之前大不相同。许多宏大的场面只有去国外才能见到,可家才是最终的避风港,对我这样一位老年人来说,尤其如此。

彼得·帕利

[1]本书作者编书时,英国由此四部分构成,但在第一次世界大战结束后,爱尔兰人要求独立,并迫使英国签订和约,承认爱尔兰南部26郡为自由郡,而只有北方6郡继续留在英国。所以,现在的英国是由英格兰、苏格兰、威尔士及北爱尔兰构成,其国名为"大不列颠及北爱尔兰联合王国",后文中也会多次提及,特此说明。
[2]英制长度单位,1英里约为1609米。
[3]美国马萨诸塞州首府,位于美国东北部大西洋沿岸。
[4]以甘蔗糖蜜为原料生产的一种蒸馏酒,也称为兰姆酒、蓝姆酒。

目录
CONTENTS

1 不列颠群岛

不列颠群岛[1]由两个主要岛屿组成,旁边则围绕着一些小岛。最大的岛屿由英格兰、威尔士和苏格兰组成,爱尔兰在第二大岛屿上。我要和你们讲的就是这几个地区的故事。它们人口多,城市、城镇和村庄遍布,充满了新奇有趣的事物,我会和你们谈许多相关的趣事。

英格兰和美国纽约相距3000多英里。我多次乘坐来往两地的帆船。两地间有许多大型蒸汽船,不停往返,速度比帆船快得多。反正我不赶时间,所以我最后选择乘坐帆船。现在,我要讲讲我上次去英格兰的经历了。起航那天,我们放弃了去纽约的计划,越过海湾,穿过纽约湾海峡,很快就到达了广阔的大西洋。

我们向东航行,几个小时后,就看不见陆地了,海风也越来越清新。船帆被风吹得鼓鼓的,船只也向一边微微倾斜,快速地向前行驶着。

很快,四周就是一望无际的海水了,海水变得漆黑一片,不再碧绿。

[1]欧洲西北部的岛群。包括大不列颠和爱尔兰两大岛,以及附近的赫布里底群岛、奥克尼群岛、设得兰岛、安格尔西岛等,约5000个小岛。

暴风雨

　　波浪向前翻滚,越滚越大,迸溅出大块大块的泡沫。海水哗哗地冲撞着船舷。船无力地起伏着,发出沉闷的声响,仿佛病了一般。有时,船只行进得很快,宛如一只飞鸟。一天天过去,我们离美国越来越远,距英格兰越来越近。你可能不喜欢这种感觉,放眼望去,却找不到陆地。你可能不喜欢天空中布满乌云,不愿意被一望无际的水面包围,但我是一名老水手了,我早已习惯这一切。滚滚巨浪带来的一阵阵颠簸会让人不舒服,晕船尤其让人难受。现在我已经不晕船了,这么多年过去了,我的适应力已经变得很强了。

　　有时,在甲板上吹风的时候,我能看到大白鲸在海面

上喷着水柱。有时,也能看见成群的小鸟。我们不妨谈谈
这些鸟。

这些鸟学名叫海燕,和麻雀差不多大小,腿又细又
长,羽毛多呈黑色。在大海的各个地方,总能看见它们忙
碌觅食的身影。即使面对狂风暴雨,它们也毫无畏惧,依
旧沿波浪滑行。它们时而掠过浪尖,时而沉入巨浪间的空
隙,以避过疾风。它们偶尔降落水面,展开双翅维持着身
形,同时,在水中叼取一些食物。人们称其为最优秀的潜
水员。常常有成群的海燕跟着帆船,连续好几天都不离
开,吃船上的人扔进海里的食物。

海燕

水手们绝对不会杀害这些小鸟,他们认为这会招致一
些不祥的事情。

我们有时会和来自英国、法国或一些其他欧洲国家的
船只相遇。船只靠近时,两方船长会通过嘹亮的喇叭交

流。波浪的怒吼声太大了,不这样的话,根本就听不到对方的声音。咨询对方一些问题后,两船就交错驶过。转瞬之间,船只就驶远,看不见对方了。

在一望无际的海面上行驶了三四个星期后,船长通知说能看见陆地了。

不久后,就可以看见远处一块大陆,陆地伸进海洋,岩石耸立。这地方是金塞尔[1],地处爱尔兰西南部。附近有一艘失事船只,名为"阿尔比恩号",它曾是一艘很精致的轮船,可是被风吹离了岸边后,海浪将它拍打成碎片,残骸散落在凹凸不平的岩石上。船上当时有许多人,除了仅有的两名幸存者,其他人都淹死了,有些人的尸首找到了,可大多数人则永远沉睡在了海底。

经过金塞尔的两三天后,我们看见了一些巍峨的青山,仿佛就矗立在海的尽头。青山位于威尔士,透过望远镜,能观察到一些美丽的白色村舍,屋子四周是绿色的田地。我发现威尔士的田地被绿色篱笆隔开,这点和美国不同,那里的栅栏是由石头和围栏组成的。

在靠近这些山的时候,水手们发射了一枚加农炮[2]炮弹,乘客们问船长这样做的目的。船长告诉我们,他需要一个熟悉这个海峡的领航员来引导船只安全地驶入利物浦港口。几分钟后,一条挂着白帆的小船载着一位领航员离岸朝我们驶来。

不一会儿,他就到达了船边。他先把小船系在船尾,

[1]爱尔兰科克郡的一个海滨小镇。

[2]一种火炮,炮管较长。起源于14世纪。16世纪时,欧洲人称之为加农炮。其名来自拉丁文Canna,意为"管子"。

然后跳上甲板,操纵起我们的船。他请水手扬起所有船帆,顺着风向,我们朝利物浦驶去。我们一会儿就离海岸很近了,朝左手边看去,可以一览英格兰美丽的青色山峦。

几小时后,我们靠近一个大城镇,城镇的一部分临近水面,一部分却又位于周围的小山和山坡之上。这就是利物浦,我们终于进入了海港,那里聚集了一群看热闹的人。

2 大不列颠与爱尔兰群岛

我当时在英格兰,打算在那里到处走走。

我已经提及过两个大岛。最大的岛屿分成了英格兰、威尔士和苏格兰,统称为大不列颠岛。和大不列颠岛相比,爱尔兰岛的面积明显要小很多。

在两个大岛的周围还有很多小岛,概括来说的话:苏格兰西部沿海的是赫布里底群岛,赫布里底群岛中最大的两个岛屿分别是刘易斯岛和北尤伊斯特岛;苏格兰北部有两处群岛:设得兰群岛和奥克尼群岛。

英格兰人和威尔士人热爱自由,充满正义感,总是埋头苦干,很勤奋;苏格兰人谨慎小心,好学且热爱冒险;北爱尔兰人崇尚智慧,热情好客,忍耐力强,似乎有无穷无尽的精力。

苏格兰高地[1]居民在狩猎鹿

③ 帕利说英国

我想先和你们聊聊英格兰,之后,再谈谈威尔士、苏格兰和爱尔兰。英格兰确实是世上最美的国家之一。西部山丘纵横交错,有的甚至会绵延成高山。东部海岸线附近,一部分是平地,中部地形多变,丘陵、斜坡、峡谷交错。整个英格兰宛如大花园,城镇、村庄、乡间宅邸点缀其间。国内修建了很多条运河和铁路,还有许多修缮完好的道路。

利物浦

　　我在利物浦待了一段时间，在那里，我发现了很多有趣的事物。利物浦属于兰开夏郡[1]，位于默西河畔。贸易范围很广，需要不断使用大量的船。除伦敦外，利物浦是英格兰最重要的海港。城镇海拔较低的部分并不起眼，可是建在丘陵上的房子却格外迷人。这里不乏宏伟的公共建筑，其中我最欣赏的是圣乔治大厅[2]、市政厅等。利物浦人民十分善良，给忠诚的水手搭建了一所水手宿舍楼，这样，水手们在着陆后能有地方休息，这着实温暖了我这个老水手的心。我很满意盲人院之行，那是英格兰建立的第一个慈善机构。我从没见过这样的场景：妇女们专注于针线活，男人和孩子们在制作垫子，或用柳条编制篮子，好像他们并未失明一样。你会误以为他们每个人都有一

[1]英国英格兰西北部的郡。西临爱尔兰海。1974年，利物浦划为默西塞德郡的都市自治市。

[2]英国城市利物浦市中心石灰街的一座新古典主义建筑，与石灰街火车站相对。

双明亮的好眼睛。他们从一处走到另一处，坐好，拿起工具，像工人一样开始工作。看到盲人能完成这么多事情，我很开心，但我也感激自己有一双明亮的眼睛。走的时候，我给这些可怜的盲人留了一些物品。

离开这座重要城市前，我得说，这里的码头可能是全世界最好的。这些码头正处于维修阶段，等全部修好，它的地位将会上升不少，甚至可能成为英国第一大港。河堤绵延5英里多，可供人们漫步。1851年，在伦敦海德公园[1]举行了伦敦万国工业博览会[2]，当时就展示了关于利物浦码头的优美模型，这为博览会吸引了各个阶级的参观者。

在利物浦逗留了两三天后，我乘火车去了曼彻斯特[3]。两地相距约32英里，长长的铁路连接两地。建造这段铁路耗资巨大，如果要使车厢在铁轨上顺利运行，路面需要尽量平坦。因此，铁路工人们不得不填平山谷，打通丘陵。有时，他们需要打通地底的岩石，开辟一条隧道。隧道黑漆漆的，让人有点不舒服。火车行驶在隧道时，我很期望快点出来见到阳光。另外还要移开通道口的岩石，这样才能让通道上方开阔。隧道距地表70英尺[4]左右，两边是高高的岩石，仿佛悬挂在空中，随时都会砸下来毁了火车。

[1] 伦敦最知名的公园，英国最大的皇家公园之一。

[2] 1851年英国维多利亚时期真正意义上的第一次世界性的博览会，这次博览会历时5个多月，吸引了600多万参观者。

[3] 世界上第一座工业化城市，位于英格兰西北，英国重要的交通枢纽与商业、金融、工业、文化中心。

[4] 英制长度单位，1英尺约为0.3米。

丘陵里的隧道

　　但是火车还是快速而又安全地行驶，就像鸟一样轻快又自在。突突突！突突突！火车在平行的铁轨上行进，丘陵、山谷、城镇从身边掠过。不到一个半小时，我就到达了曼彻斯特。这条铁路第一天投入使用时，发生了一件悲剧，威廉·赫斯基森[1]出事故身亡了。他在过铁轨的时候不小心跌倒了，一辆火车急速驶来，从他的身体上碾了过去，他因此受了重伤，没熬几个小时就离开了人世。人们在过铁轨时越小心越好，最好向工作人员多咨询下，不要冒险，免得最后落得和赫斯基森一样可怜。

[1]一位杰出的英国政治家。

从隧道看去的马蹄形拱门

曼彻斯特坐落于默西河的支流欧韦尔河上,虽然不是特大城市,但也绝对不小。它的制造业广泛而出名,包括亚麻制品、丝织品和棉花制品,这些产品年产量很大,运往世界各地。英格兰天气寒冷,不适宜生产棉花,棉花都是从国外进口的。曼彻斯特加工的大多数棉花都来自美国,由蒸汽船运至利物浦,再转送到曼彻斯特。许多男人、妇女和小孩都被雇佣来操纵机器,有些程序仍需手工劳作。曼彻斯特矗立着许多值得一览的地方,主要建筑有曼彻斯特大学和交易所等,还有繁华的市场。慈善机构和主日学校[1]不计其数。另外,还有一些重要的从事慈善事业的单位,比如综合医院、疯人院、聋哑人学校等等。

不久,我发现曼彻斯特有不少聪明的人,他们热爱知

[1]又名星期日学校。英、美诸国在星期日为贫民开办的初等教育机构。兴起于18世纪末,盛行于19世纪上半期。

识,渴望进步。这里有一些闻名世界的机构和地方,植物园就是其中一个。

成千上万的女孩子在曼彻斯特的工厂工作,从早到晚,她们几乎都困在那里,好多人看起来都极度需要休息,呼吸一下新鲜空气。大清早,许多孩子就成群结队地去做高强度工作,这一点让我很是揪心。但令人欣慰的是,为了缓解这个情况,英国议会已经限定了最长工作时间。立法机关也给孩子们提供了一个福利:没有达到法定年龄不能去工厂上班。制造业无疑给大众带去了好处,然而正所谓"彼之砒霜,吾之蜜糖",有人享受利益,也有人备受煎熬。

在曼彻斯特待了几天后,我乘火车去了伯明翰[1]。

乘火车旅行和乘马车旅行的感觉大不相同。以前,我们还能欣赏几眼乡村。每隔几英里,我们就会路过某个村庄。我们经常能远远望见迷人的乡间宅邸,主人一般是贵族和乡绅,屋子在美丽的庭院中,四周种植着赏心悦目的树木。现在,我们极速前进着,根本看不清任何路过的风景。不过,列车行进途中,为了打发时间,我们也乐意浏览报纸或者阅读书籍。

[1]英国第二大城市,在英格兰中部。全英主要制造业中心之一。工业部门繁多,以重工业为主。

4 伯明翰及其工厂

曼彻斯特和伯明翰相距85英里左右。伯明翰是沃里克郡[1]最重要的城镇。那里生产了很多有趣的玩意儿，也因此被称为欧洲的玩具工厂。同样有名的还有五金器具、锁、链条、铁铲、钳子、纽扣、钢笔、各类铜制品和漆器。我参观过很多工厂。我的房子里就有很多东西是伯明翰生产的：门上的锁、桌上抽屉的把手、边上那一组火炉用具。以前，那里制造的鞋子和鞋扣很出名，不过，自从穿衣风尚改变后，鞋扣贸易就大为萧条了。

伯明翰还进行各类军火贸易。战争期间，军火需求量很大。甚至有一次，那里的制枪师们一星期内为政府铸造了1.4万支步枪。小型来复枪取代了老式步枪，得到大量的生产。每周都会生产多至3000把小型来复枪为时下的战争服务。枪支会夺人性命，这样的物品成为急需品，想想就令人难过。

衡量一把剑是好是坏，剑刃锋利耐磨与否绝对很重要，伯明翰铸造的剑就符合标准。我去参观了铸剑的过程。判断剑是否锻造好的方式十分有趣：首先将剑放平，亮出剑身，调动所有气力，拿一个大铁块敲打剑刃。然后，

[1] 又译华威郡。英国英格兰西米德兰兹的郡，位于英国英格兰中部地区。1974年伯明翰脱离沃里克郡，属新设的都市郡西米德兰兹郡。

将剑放在铁砧上,平放着,继续敲打。直到剑弯曲至剑尖触碰到剑柄。只要剑能经得住这一切试炼,就算合格。

我还去亲身观摩了制枪的工艺,包括枪管的焊接、钻孔和研磨,扳机的锻造、锉屑和组装,以及把手的塑形和美化。你们可能不知道制枪师是如何保证枪管不走火的,其实是这样的:他们在一个架子上摆了很多支枪管,让它们保持一定的距离。每个枪管里都装着一颗弹药、一堆火药和填充物,再次射击得重装子弹。每一个点火孔附近都设了一连串火药。做完这一切后,相关人员就会关上门,离开那栋房子。之后有人再通过一个墙孔插进炽热的铁,枪管于是就会如雷电般依次炸开。这一系列行动一气呵成,然而这也有不足的地方,枪管的一些部分可能会突然爆炸。一把好枪价格昂贵,但是剑的价格更是贵得离谱,尤其是在一些东方国家。曾有一个出色的人,他拥有一把锋利笔直的剑,还用那把剑斩断过野牛头颅。有人出价1万英镑想要买那把剑,可他拒绝了。据说,还有人花2.4万英镑买了一把短剑。如果我拥有世上最厉害的剑,别说卖2.4万英镑了,少一个零我也愿意。有一点不得不提,伯明翰近来开辟了一个新贸易领域,结果这一领域很快就成为英国主要贸易内容之一了。我指的是金制和银制的盘子以及电镀工艺品的交易。有段时间,每年都有3000盎司[1]黄金和40000多盎司白银在化验所进行化验,且按照规定,那时,几千盎司金银被制造成了小物件,有一些主意

[1] 英制重量计量单位。重量单位是分常衡制和金衡制两种,符号为ounce或oz。在此为金衡制单位,1金衡盎司等于31.1克。

可能是在加工时忽然想到的。

如果你们有机会去伯明翰的话，也可以去参观一些豪宅。

苏豪

苏豪工厂和维斯塔工厂距伯明翰约 2 英里，我也拜访了那里。工厂非常大，本身就像是一个小型城镇。那里生产的产品美观实用，十分出名，例如打火石、猫眼石、多彩的磁漆玻璃灯、有光泽的工艺品、化学仪器、镀金或镀银餐具、各种工厂独创小物件。在这里，蒸汽机的作用发挥到了极致，没有任何发明比詹姆士·瓦特[1]的蒸汽机更实用、更强大、更满足人类需求了。其中一些发动机功率很大，发出的力相当于 700 匹马一起发的力那么大，就像万国工业博览会展示的那样。人们想出了一种办法，使发动

[1] 英国发明家，第一次工业革命的重要人物。

14

机可以直接发力驱动螺旋桨。蒸汽机于是开始被运用于航海,这是航海史上一个巨大的进步。

伯明翰还有一些不错的机构、教堂和公共建筑。制造商们很大方,允许外人参观宏伟的工厂。游历的同时,我还能学到一些新知识。我也拜访了古老的阿斯顿宫[1],我在那里过得很愉快。在伯明翰,我遇见了一位老朋友,他邀请我一起去赫里福德[2]待几天。于是我们出发了,这一段旅途过得很愉快。

[1] 詹姆士一世时期的红砖豪宅,坐落在阿斯顿公园优美的环境中。

[2] 英国英格兰西米德兰兹的名誉郡、单一管理区,西接威尔士的边界。

5 走进赫里福德

我们一早出发,途经利基丘陵,很快就到达了伍斯特郡[3]的布罗姆斯格罗夫,我得告诉你那里曾发生的一件怪事。

利基丘陵的一个排水口突然爆裂,水淌出来差点形成了小溪。漫出来的水到处都是,水甚至淹过了溪岸。水沿着街道流淌,最后,布罗姆斯格罗夫的人们都快崩溃了。地窖被淹了,人们将家具紧急搬到楼上,好像大洪水要来了一般。地势较低的地方积水都很深。当时,那里居住着上千居民,相信他们不会轻易忘记这件事。

[3] 英国英格兰西米德兰兹区域的郡,被誉为英国生活环境最好最安全的城市之一。

伍斯特

我们去的下一个城镇是德罗伊特威奇,那里的盐矿泉远近闻名。这里产出的盐数量巨大,提炼时,一般都是将水放在平底锅里煮,有时也会放在火炉中烧。

伍斯特是伍斯特郡的主要城镇,英格兰最古老的城市之一,其瓷制品很出名。主要贸易商品包括手套、啤酒花、毛毯。1651年,苏格兰军队来到英格兰,想要帮助查理二世复辟,克伦威尔[1]在此处成功阻止了他们。失败后,苏格兰军队狼狈逃往了法国。伍斯特市还拥有一座大教堂,是中世纪早期七国时代的埃塞雷德王下令建造的,他是七国之一麦西亚的国王。

骑车穿过莫尔文山脉时,能看见赫里福德优美的景色。莫尔文镇的"冷水疗法"很闻名,不少人慕名而至,想

[1]英国政治家、军事家,曾逼迫英国君主退位,解散国会,出任护国公,成为英国事实上的国家元首。

16

亲身体验一番。为了方便病弱的人进行疗养,这里建造了很多先进的设施。镇上有两处出名的铁质泉水,其中主要的是圣安妮[1]泉,有许多人专门来此饮水。

赫里福德郡十分美丽,一年有三次丰收期,收获的分别是苹果、啤酒花[2]和玉米。用这三种材料制造的产品也很出名。果树开花时,果园看起来非常赏心悦目,尤其是看到树枝上压满沉甸甸的果实,愉悦的心情会更为加深。在采摘啤酒花的季节,如果你看了啤酒花圃,很可能被景象迷住。啤酒花长在高高的杆上,优雅地低垂着头。不同地方都摆放了槽子,方便放置采摘好的啤酒花。向四面八方看去,可以看到成群的妇女将啤酒花采到槽子里。为了安全,还是别靠近那些人为妙。为什么我这么说呢?其实是因为如果你不给花圃主人钱的话,他们就会把你抓住,再丢进槽子里,还在你身上盖满啤酒花。有时,对某个摘啤酒花的工人他们也会做这样的事。年轻人可能喜欢这种活动,可是我已经老了。

瓦伊河这条细细的河流穿过了整个郡。可是只有在雨季后才适于航行,如果不是在雨季,河水对平底载货船来说就太浅了。

我们顺流而下来到了罗斯镇。镇上曾有一个叫罗斯的名人,罗斯本名约翰·克尔,罗马教皇称呼他为罗斯,人们也跟着这么叫了。他人很好,出了名的乐善好施。

我们也参观了古德里奇城堡[3]。城堡本身年代悠久,

[1]传统上认定她是圣母玛利亚之母,耶稣的外祖母。

[2]一种多年生草本攀缘植物,啤酒花蔓可长达6米以上,通体密生细毛,并有倒刺。可用于酿造啤酒和制药。

[3]始建于11世纪后期,当时,古德里奇城堡是一个非常重要的抵御外国侵略者的堡垒。1646年坍塌,后来重建。

17

[1]新哥特式风格的红砂岩建筑，建在古德里奇城堡旁边，靠近威尔士边界。

[2]位于英国威尔士东南部，为英国国王亨利五世的出生地。

[3]中世纪寺院，位于英国瓦伊河河畔，现已倾塌。

不过古德里奇庭院[1]是新建的，里面收藏了世上一些顶级的盔甲。以后有机会的话，我会把所有关于古德里奇庭院的事都讲给你们听。

下一站我们去了蒙茅斯郡[2]的切普斯托，那里也有一座城堡。我们还去了温德克里夫和皮尔斯菲尔德。高大的树木，挺拔的岩石，蜿蜒的瓦伊河，庄严的塞文河，在远方布里斯托尔海峡的衬托下，这一切形成了特别精致的画面。丁登寺[3]的遗迹也十分别致，我在那儿流连忘返，不忍离去。

赫里福德的人非常热情好客。不管我去到哪里，我都能感受到他们的热情。几年前，我去过一次霍尔姆大厦，建筑十分宏伟。恰好这次房子在进行大整修，由于想看看有什么变化，我决定再去参观一次。

那里堆满了大量石灰、灰浆、沙砾、加工或未加工过的石头。正当我盯着这栋大厦看时，一位绅士走了过来。于是，我和他交流起整修的事来。我毫无顾忌地谈论自己的想法，现在想想，他可能认为我这个人口无遮拦。我们一起去了施工现场，他体贴周到地为我介绍，指出了房子得到改建的地方。他头脑聪慧，言行得体，我十分乐意和他结伴同行。我对他说："这座豪宅的主人应该心怀感激。曾有诗人说过'人在世上所需要的本来很少，而且那很少的需要也不长久'，可是这儿的主人同时拥有两样好东西，这幢高贵宅邸和优美的花园。被赐予了这么美好的财产，他如果能心怀感恩、热情待人的话，一定会过得非常快乐。"

我们在建筑里逛了一个多小时，告别时，我才发现他原来是埃德温·斯坦霍普爵士——这栋大厦的主人。也许他如今已经忘了彼得·帕利这个人，但我却依旧记得他。

我在福利庭院逗留了一会儿，我相信，我一辈子都不会忘记那里，也不会忘了在那里遇见的人和朋友。而河畔的柳树和西洋栗树，也一定还守在原地。

后来，我去了伊顿山和巴沙姆农场，那里的人们对我表示了热烈的欢迎。我乘渡轮时经过了塞莱克教堂。巴沙姆农场附近有一个小农舍。那里流传着一个动人的故事。

很多年前，一位女士和一位绅士突然来到了附近。由于从未见过这样打扮的人，乡下人都盯着他们看。

他们穿着美观大方，不过衣服样式比较过时。那位绅士穿着边摆十分宽大的大衣，宽大的袖口上绣着丝线，缝着大大的金制纽扣。他穿的丝绸背心上绣满了花纹，还缝着金边，衣襟甚至拖到了膝盖。他的马裤是天鹅绒的，袜子是白色丝绸制的，他的膝盖和鞋子上都扣上了金色的扣环。

他身体上下都打扮得很独特。衬衫是由带花边褶的最好的亚麻布料制成的。头发抹了粉，扎在一个头巾里，然后头上还精心地戴着一个三角帽。

你们应该也很好奇那位女士的装扮,我这就告诉你们。她穿着一条用最贵的丝绸和绸缎制成的裙子,样式十分古朴,高高的鞋跟,顶着很高的发型,还戴着一顶小草帽。他们走在乡间,仿佛仙人下凡,不难想象他们多么引人注目。

救济穷人

他们已经打算好要定居于塞莱克。你们是不是认为他们住在一栋豪华的房子里?其实不是这样,他们住在一间小农舍,就在我之前提过的巴沙姆农场附近。他们一直住在那里,直到离开这个世界。

没有人知道他们是谁,来自哪里,但是大家一眼就能看出他们是有钱人,过着上流生活。

他们非常仁慈慷慨,探访了附近所有的贫困佃农[1],

[1]通常是指封建地主制经济下租种地主土地的农民,西欧封建领主制经济下承租份地的农民也称佃农。此处指后者。

提出好的建议。不管是富人还是穷人,都很喜欢他们。他们逝世后被葬在了塞莱克教堂的墓园中。他们的墓上平铺了一块石碑,仅仅刻了"J. H. and A. H., 1818"[1]这几个字。石碑下安静地沉睡着一对值得尊敬的夫妇,虽然石碑周围生长出了一些荨麻和蒲公英,可并没影响它的神圣。他们善良、虔诚,并安然度过了一生,最后平静地离开了世界。我坐在石碑旁,沉思许久。

　　距离塞莱克不远处,有一个叫作马塞尔山的地方。很多年前,一大部分马尔塞山的地表移动了一长段距离,把附近的居民吓了一跳。开普勒林地也在附近,那里的最高区域还有一处罗马人营地的遗址。林地的一块区域有一条通往河流的斜坡,被称为开普勒斜坡。坡上有许多高耸挺拔的大树,应该很久前就生长在那里了。

　　我走过了很多地方,也看见过很多忙碌的人群。不过我更喜欢安静的地方,我喜欢在林子里找个地方坐下。我的日子常常在沉思中静静地度过。遮挡着烈日的岩石下,缓缓流淌的小溪边,一堆古老的遗迹中,或者是庭院的墓石上,都是我冥想的圣地。这些地方很宁静,也很适合我,我现在会更多地去构想一个更美好的世界。朋友们,你们看看我眉间深深的皱纹,还有我这稀疏的白发。我应该活不了多少年了,我能给孩子们讲故事的日子也不多了。

　　哦,我看你们好像很难过,可我并不希望你们太悲伤。振作起来!人世间有很多值得我们感激的事,我们要

[1] "1818"是指去世时间,"J. H."和"A. H."是名字首字母的缩写。

时刻保持开心。对了,我差点忘了和你们说古德里奇庭院的事了。我要聊聊它的故事,你们听了以后一定会开心起来。打起精神!故事开始了哦。

6 古德里奇庭院与丁登寺

塞缪尔·拉什·梅里克爵士是古德里奇庭院的主人,他在那里收藏了许多盔甲,不过并不向外人展示。

一位绅士替我写了封介绍信。"你热爱旅行,"他说,"对任何稀奇的事都很关注,塞缪尔爵士会很乐意见你的,比他能去见巴克卢公爵还开心。"

我在那个国家结识了一位杰出人士,我和他一起出发,没多久就到达了目的地。

古德里奇庭院是一座由红砖砌成的城堡,矗立于瓦伊河上。它看起来更像一栋法式城堡,城堡的形状有点像胡椒盒,不知道的话,还以为它是按胡椒盒的造型建的。

收到我带来的介绍信后,塞缪尔爵士就来找我了,还说要亲自带我们参观城堡。

古德里奇庭院内部

他对我非常照顾,让我感觉自己是贵族一样。他注意到我对任何新奇的事物都感兴趣,因为我总有很多问题,几乎每碰到一个东西就要询问一番。

这里收藏的盔甲是世界上最好的,现在,我就告诉你们原因。

在很多保存盔甲的地方,那里的对其一无所知的人,总是编一堆愚不可及的故事,没有一句属实。他们口中的盔甲不是属于某个知名骑士,就是属于别的一个名人。

但是古德里奇庭院就绝不是这样。人们只关心收藏的武器和盔甲本身。

如果能帮助我了解几百年前当地居民的风俗和生活习惯，无论什么，我都乐意去接触。火药发明之前，有经济能力的人经常穿盔甲。在一些城堡，战马被系在马厩里，佩戴着马鞍，骑士们也武装好，时刻准备着骑上战马。

有段时间，盔甲是由铁和系在布上的钢环缝制的，一共有 10 个钢环，被称作盔甲或者锁子甲。后来出现了由金属板组装的盔甲。

有的盔甲制作成本很高。沃尔特·雷利[1]爵士来过古德里奇庭院，他当时就穿着一套银制盔甲，人们说他相当于背着一艘西班牙大型帆船，因为他盔甲上的白银很值钱，抵得上一艘西班牙大型帆船。可以想见，这套银制盔甲一定很帅气。

他戴铜头盔，穿着一套盔甲，手上矛的杆子就像是织轴一样。火药发明后，子弹和大炮能把盔甲打成碎片，之后就很少有人用盔甲了。

在世界的不同地方，我见过很多精致的盔甲收藏，可是它们的收藏者往往会编造一些夸张的故事，结果，让人听后怀疑信息的真实性，也破坏了欣赏的乐趣。

现在我要和你们讲一点关于阿尔斯特伯爵康西的事。他仅仅一刀就劈断了一个铁制的头盔。他将武器深埋在一个木桩下，然后把头盔放在桩上，除了他以外，没有人能把剑重新拔出来。你们觉得他怎么样呢？

过去，骑士经常聚在一起，举行竞技运动。双方拿着尖

[1]英国文艺复兴时期一位多产的学者。他是政客、军人，同时是一位诗人、科学爱好者，还是一位探险家。

头矛骑向对方,努力将对方从马上打下来。我感觉你们不
会喜欢这种竞技方式的,对不对？我也不喜欢这种方式。

如果我有能力的话,我一定会结束一切武力争斗。每
个国家都应该处在和平之中。"剑应该被敲打成犁头,矛
应该被改造成修剪用的钩子。国与国之间不该兵刃相向,
也不该发动战争"。

金缕地

我听过的最著名的竞技场地在法国,名为"金缕地"。

英格兰国王亨利八世,法国国王弗朗西斯一世都曾去
过那里。这个竞技场太花钱了,去那里的人都几乎耗尽了
大半的财富。

只有骑士有资格参加竞技。骑士对挑战者来者不

拒。有些人虽然能力不够,但是胆量大。结果,头盔被击落,盾牌和头盔被踩在地上,人也从马上掉了下来,最后面子全失地被送下场。你们怎么看待这件事呢?

古德里奇庭院收藏了很多武器,早至野蛮人用的简易的武器,比如说:木棍和木制匕首、石块、打火石、石板。后面年代的武器包括铜制盔甲、锡、铁、矛、战斧、盔甲的里衣和整套盔甲装备,供骑马者和马用。

你会对参观古德里奇庭院感兴趣的,看到安装在马背上的盔甲,你会不自觉地联想到有人穿着它和别人比武的场景。

宽敞的军械库长80多英尺。想想这样的场景:四五十人穿着全套的盔甲,其中有10人在马背上,他们的周围是木棍、狼牙棒、铁锤、戟、战斧;或者是剑、矛、弩、盾牌;抑或是军刀、锐匕、短剑、火绳机和手枪。关于武器和盔甲的事就先讲到这了,现在讲点别的吧。

塞缪尔爵士觉察到了我的热情,他告诉我如果我再来英格兰的话,希望我还能参观古德里奇庭院。离开那里后,我们顺便去了附近的古德里奇城堡,两地相距不过几百码[1]。城堡那里已经是一座废墟了。现在,和我同行的那位朋友早已去世了,他的名字被刻在了乡村教堂的大理石板上,他以前曾在那做过礼拜。我非常敬爱他,每次回忆起他,我都十分难过。关于古德里奇庭院和古德里奇城堡的事,我已经说完了。

[1]英制长度单位,1码约为0.9米。

丁登寺

　　瓦伊河不远处是一处美丽的遗迹,叫作丁登寺,也是
我们的下一个目的地。它包含了僧侣们很多年前建立的
建筑的遗迹。僧侣们居住的地方被称作寺院或修道院,包
括一个精致的教堂,里面有供僧人居住的房子,因为以前
旅馆并没有现在那么常见,所以还设有款待陌生来客暂住
的屋子。最初,这些僧侣大多非常善良,可是随着他们越
来越富有,他们也变得越来越贪婪,疏于对俭朴生活的追
求,也不举办那么多慈善活动了。可是,命运总是爱和人
开玩笑。亨利八世在位时期,修道院被摧毁,于是土地就
归别人了。大寺院的遗迹在大英帝国很多不同的地方都
能见到,它们原本都建筑华丽,在古代建筑中堪称一流。
丁登寺的大部分都保留了下来,虽然屋顶已经塌了,可是墙依旧矗立在原地,窗子的形状也只是有一点损坏而已。不过,遗址大部分地方不是被锁起来了,就是爬满了常春藤。还有一些僧侣的住房和其他一些房子也保留了下来。

离开丁登寺的时候,我的朋友告诉我,他最近去过布里斯托尔、克利夫顿和巴斯。于是我问他这些城市是什么样子的。

"这个嘛……"他说,"布里斯托尔既是一座城市又是埃文河上的一个海港。就富裕程度、贸易规模和人口数量来说,它曾是英国第二大城市。不过它现在只是英国的一个三流城镇了。"那里仍然有很好的码头、一座体面的大教堂及优雅的圣玛丽·雷德克利夫教堂。市内还有几所医

克利夫顿

院和其他一些公共建筑。

"克利夫顿离布里斯托尔约1英里,建在圣文森特岩山上,很多上流社会人士去那里泡温泉。克利夫顿的房子建造在岩山上,一间高于一间,呈现出一派独特的景象。克利夫顿的建筑大体都很优雅和宽敞,可以饱览广阔美景。那里有6间公共浴室、1座宏伟的医院,以接收来这里享受温泉的人们,让那些本没钱的人也能享受得到。"年轻朋友们,这也是英格兰的魅力之一,国家疗养机构并不会忘了穷人的存在。

"至于巴斯,"他说,"这是个非常有名的城市,在古罗马时期就很出名了。温泉的疗养功能十分有效。除了伦敦以外,和英格兰其他城镇相比,巴斯的贵族和上流社会人士比较多。整座城市体现着优雅的气质,这种气质很少能在别的大城镇里感受到。房屋用美丽的白色石头砌成,石材是就地采取的,其中很多石材都很昂贵。"然而,我行程匆忙,没有时间去那里看看。于是,我去了离古德里奇庭院不远的罗斯。我听过很多关于考文垂的事情,因此,我很想去那里看看。从罗斯到考文垂有很长一段距离,可能有70英里,中间,我再一次路过了伯明翰。在伯明翰的一间旅馆住了一晚上,之后,我就向着考文垂出发了。大约两个小时后,我到达了那里。下一章节,我会告诉你们我在那里的所见所闻。

7 谈谈考文垂

　　考文垂是一个历史悠久的大城市，那里大多数的房屋和我以前看见过的老式房子一样，一层楼仿佛悬挂在另一层楼上面，最高的那层楼似乎就在你的头顶摇摇欲坠。

　　谢菲尔德[1]以美食闻名，伯明翰则以五金器具和有趣的小物件出名，而考文垂出名的是缎带和手表。那里的缎带贸易十分活跃，用来制造缎带的丝绸数量可谓惊人。

　　佩戴缎带的人应该谢谢考文垂人民，不过他们还要感谢蚕，因为，制作缎带和丝质裙子需要丝，那些丝都是蚕吐出来的。

　　养蚕的话，得用生菜叶子来喂它们，也可以用桑树叶子，这是它们更喜欢吃的。它们开始吐丝时，必须得把每一个蚕都裹在小纸包里，再挂在太阳能晒到的地方。之后，蚕会盖住纸的顶部，在自己的周围吐出一个丝球。南安普敦[2]的纽兰兹曾住着一位惠特比夫人，她成功养殖了一批用作商业用途的蚕，不过，她现在已经去世了。她自己培育了一些蚕，在庭院里种了桑树，以提供养蚕的桑叶，有时还会从别处买桑叶。一些优秀的制造商声称，他们产出的丝可以和世上最好的丝绸媲美。万国工业博览

30

会上就展出过这些丝制品的样本。

以前,考文垂周围包围着3英里长的坚固城墙,有26座塔和12道门。可惜这些几乎都没留存下来。1662年,查理二世复辟后,他的先锋队伍进城时曾被挡在了城门口,于是他下令摧毁了城墙。

沃里克是沃里克郡的首府。城里有一所牢固的监狱和两所教堂,教堂很值得一看。城里还有很多慈善机构,管理井然有序。然而,最令我印象深刻的是华威城堡。

华威城堡

站在埃文河上的桥上看去,城堡显得非常尊贵。城堡有厚实的墙壁、巨大的塔身,看起来仿佛打算一辈子屹立在那里一样。然而无情的时间曾摧毁了太多坚固的建筑,未来某一天也会将它埋在尘埃中的。不过那时我应该早已沉睡在坟墓里了。

城堡的外表十分宏伟，里面也不逊色。房间特别宽敞，装修精美，墙上挂着美丽时髦的画作，还摆设了雕像、雕刻品、镶嵌的艺术品和其他种类的古物。而且，仅仅是军械库就够我看一整天了。花园里的一座温室里有一个著名的花瓶，大而古老，估计价值极高。一些房子里还移植了雪松树，造型优美，有力的枝干扫到了地面上。

登上高塔，我去往门房的集会处，想见识下有名的铁粥锅，锅的所有者是沃里克伯爵盖伊。站着的话，锅可以装下6个人。关于盖伊，我听说过很多传言，有人说，过去，他常常每天早上煮一整锅早餐，然后自己吃完。有一次，搬运工还指着一把三四英尺长的叉子说："这是给盖伊剔牙用的叉子。"然后，他将叉子从锅的边沿抽出来，发出叮当的撞击声，就像是圣保罗大教堂敲大钟的声音。年轻人本来探着身子往锅里看，在听到巨响后，他们都吓得退了回来，他们还以为那是巨人盖伊雷鸣般的声音。

盖伊是一个伟大的战士，曾去国外参加了数场战争，回国后，便过起了隐居生活。有的传说他是一名巨人，杀死过一头黄褐色的母牛，据说那头牛大得离谱。还有的传说他用大叉子剔牙，每天早上都把一整个铁粥锅里的食物当早餐吃完，这些传言都不符合事实。

离开城堡，参观完沃里克伯爵生活过的地方，我接着拜访了凯尼尔沃思城堡[1]，相信你们会感兴趣的。

它始建于12世纪20年代，亨利一世在位时，由一位罗马人建造。它还有一所附属小修道院。1279年，很多贵族在城堡聚集，为了避免他们因座次高低而争吵，就打造了一个圆桌[2]，100位骑士和100位女士在桌子旁边就座。圆桌的使用由来已久，我认为亚瑟王[3]就是开创者。

1575年，在城堡和其附近的场地，莱斯特伯爵为伊丽莎白女王举行了一个盛大的节日庆典，庆典持续了17天。湖上有一座漂流的小岛及各式优雅的雕像。除此以外，还有逗熊活动、烟火、意大利杂技、昆廷奔跑和其他项目。

[1]英格兰最壮观的城堡之一，始建于12世纪20年代，后经历过多次重建。

[2]含意是"平等"和"团结"，传说亚瑟王的骑士最多时曾达到150名。骑士们在圆桌上议论国内事务，在圆桌上没有地位差异和君臣之别，每个人都被允许自由发言。

[3]传说中古不列颠最富有传奇色彩的伟大国王，圆桌骑士的首领。人们对他的感性认识主要是来自凯尔特神话传说和中世纪的一些文献。

凯尼尔沃思城堡

你们可能不太清楚什么是昆廷奔跑。其实,它是一种游戏。人们在地上插一个高高的杆子,杆子最上面是铁的枢轴,枢轴上放着一个可以转动的横梁,笔直的杆子就相当于一个人的身体,横插的横梁则代表了那个人的胳膊。横梁的一端是一副盾牌,盾牌上面钻了一个洞,另一端是一把木剑或一只沙袋。乡里的大汉骑着马,手拿状似长矛的长杆,全力冲向人形木桩,往盾牌上的洞击去。如果击中了,则圆满结束,大家欢呼鼓掌;如果没有击中洞,而是打到了横梁,另一端的横梁就会绕着木剑或沙袋摇晃,最后,往往都会将没有技术的大汉从马上击下。这就是昆廷奔跑,我觉得你们可能不太感兴趣。一场活动下来,观众一般能喝完320多桶啤酒,不过,我觉得贵族和上流社会人士喝的应该是更昂贵的饮品。

凯尼尔沃思城堡现在只是一堆古老的废墟了,但是透过遗迹,我们依然能感受到它曾有的宏伟和宽阔。万国工业博览会上展示了极好的橡木饮食柜台,装饰着纹刻浮雕品,里面雕饰着1575年盛会中有代表性的一幕辉煌场景,以纪念伊丽莎白女王的来访。柜台由在城堡附近生长的一棵巨大橡树制成,被认为是现代艺术中最上层的艺术品之一。

在幽暗的内庭和城堡崩塌的墙间,我徜徉了很长一段时间。四周都是静止的,我沉思于世态的多变。当年坐在圆桌旁的贵族们,很久前拜访过这座城堡的伟人们都已不在人世,这座城堡也早已衰落。只有我一人徘徊在断壁残垣之中。

废墟的一部分

虽然我是一个乐观的老年人，但当我看见原本厚重的拱门和宏伟的塔已成一堆废墟时，我也不禁感叹，我自己不久后也会归于尘土。

思考着这些事，我踏上了去牛津的路。牛津是座很重要的城市，下面我得和你们讲讲它的故事。

8 帕利谈牛津

牛津市

牛津是一座非常大的城市，以牛津大学闻名。牛津大学历史悠久，早在阿尔弗雷德大帝[1]在位时期就已成立，不过，其主要建筑是在亨利六世和伊丽莎白女王在位时所建。查理一世时期，牛津有非常大的政治意义。议会被召集在那里开会，牛津也是查理一世最后守住的一个城市。这所大学得天独厚，有20所学院、4间礼堂、好几座建筑矗立在街道上，赋予城市一种富丽堂皇的气息。那里的学术机构有近3000名学生。

你如果去牛津,看见戴着学士帽,穿着学士服走在路上的学士们,一定印象深刻。第一次参观这座悠久的高等学府时,走在大学路上,会感受到尊贵和神圣的气息。

我穿过其中最古老的大学学院和基督教会学院。哪怕是一天到晚潜心学术,不问窗外事,也会觉得其中一些地方格外阴郁。不过,也有几条明亮的小路。著名的博德利图书馆[1]属于牛津大学,我读过的书只有馆藏书的百分之一,对此我有点惭愧。

我得和你们说说我离开牛津的时候发生的事,听完后,你们一定会觉得很搞笑的。

我到达泰晤士河的亨利镇上时,车上来了一位清秀的年轻人,他牵着一只漂亮的西班牙猎犬。他坐在我对面的位置上,手上戴着一只钻戒,胸前挂着一条金项链。他看起来很阳光,直率又幽默,很快他和同行的游客交谈起来,还给他们递了雪茄。我告诉他我不抽烟。"不抽烟!好吧,那吸一撮鼻烟[2]呗。"他于是递给我一只上好的银色烟壶。"我也不吸鼻烟。""为什么你既不抽烟也不吸烟壶?""因为即使我两种烟都不碰,也不影响我生活。增加无谓的需求,依赖这些东西是不明智的。""好吧,看,这就是区别!我已经把烟壶的烟吸得只剩一半了,还抽了6只雪茄,有时我每天还会吸1斗烟。"

之后他告诉我,他是牛津的学者,他顶撞了学院的领导,可又不愿低下头求取原谅,最后被开除了。

[1]英国牛津大学总图书馆,是英国第二大图书馆。

[2]烟草制品之一。以香味较好的烟叶,晒干后和入必要的名贵药材,磨成粉末,装入密封容器,经一定时间的陈化,即可使用。不需点燃,单以手指粘上烟末,轻轻由鼻孔吸入即可。

[1]原本是英国南部伯克郡的一个地区，靠近伦敦，1974年后归入白金汉郡。

[2]英国汉诺威王朝最后一位君主，在位时间为英国最强盛的"日不落帝国"时期，维多利亚女王因此成为英国和平与繁荣的象征。

作为一名前辈，我给他提了一点建议。他在盐丘[1]下车的时候，和我握了握手，看起来并没有因为我一点善意的忠告而生气。

之后，我启程去了温莎。那里壮丽的温莎城堡尤其出名，许多英国君主喜欢住在里面，现在它属于维多利亚女王[2]。由于皇家住所不对外开放，我即刻出发去了大英帝国的首府——伦敦。穿行于那里拥挤的街道时，来往马车的噪音几乎要让我聋了。我很乐意去旅馆待在一间安静的屋子里，暂时远离喧嚣。

9 谈一谈伦敦

伦敦

早上我起得很早，没有赖床。我想要把伦敦有趣的地方都逛一逛。我最后也的确那么做了，不过这花了我很长时间。

伦敦是欧洲最大的城市，也是世上最富裕的城市之一。泰晤士河流经伦敦，河上架了几座大桥。有7座桥将伦敦和萨里郡[1]两地连接起来。3座桥免费通行，其余4座要收取少量通行费。3座免费的桥分别是伦敦桥、黑衣修士大桥和威斯敏斯特桥，剩下4座是南华克桥、滑铁卢桥、亨格福德桥和沃克斯豪尔桥。伦敦东部是商人进行交易的场所，而伦敦西部，则矗立着许多富人、贵族和上流社会人士的宅邸。

街道很拥挤，除了人流，四轮马车、公共汽车和各种类型的汽车也穿行其间。你最初会以为发生了一些重大事件才导致街上这么多人。不过等日子久了，你会发现这是常态，街上每天都穿梭着蜜蜂般忙碌的人群。

很久以前，伦敦并没有现在那么大。房子一般都搭建得很粗糙，由木头和灰泥建造，街道也又差又窄。不过那时也不乏非常宏伟的建筑，不论是公共的还是私立的。其中，老圣保罗大教堂尤其卓越，据说塔尖高520英尺。然而，查理二世时期，一场可怕的瘟疫感染了10万人。之后，一场大火几乎烧毁了整座城市，400条街道、1.3万所房子被破坏，包括老圣保罗大教堂在内的89座教堂、市政厅、皇家交易所和一些其他的建筑也没有幸免。重建时，

[1] 英格兰东南部的郡。位于伦敦西南，濒泰晤士河，泰晤士河流经萨里后，向东北流向大伦敦。

城市得到了很大改善，街道更宽了，房屋的建筑材料也不再是木头和灰泥，而是坚实的砖块。

在那里，我参观的第一个地方就是圣保罗大教堂，大火之后，克里斯多夫·雷恩[1]对它进行了重建。1675年6月21日，第一块石头由建筑师本人亲手放下，虽然重建花了35年之久，但他还是活着见证了教堂竣工。放置最后一块石头的就是建筑师的儿子。这是一幢宏伟的建筑，除开罗马的圣彼得教堂，可以算是世上最庄严的教堂。教堂内有好几座精致雕像，用来纪念埋在那里的将军、政治家和一些其他的名人。教堂内部有一个奇妙的走廊，叫作回音廊。如果一个人在走廊的一头把嘴巴贴在墙壁上，就算他说得很小声，另一头的人也会听得清清楚楚。教堂最高的地方距地面约370英尺，从上面可以俯瞰美丽的伦敦。不过从这么高的地方眺望，人、房屋、马车和其他事物尤其小，给人一种特别的感觉。我还参观了另一所教堂，你们可能会更感兴趣，那就是威斯敏斯特教堂。这座建筑十分古老。这块土地上本来有一所天主教教堂，是公元610年埃塞克斯国王塞伯特修建的，不过之后被丹麦人摧毁了。现在的威斯敏斯特教堂由"忏悔者"爱德华[2]建立。后来，亨利三世重建了教堂，他的继承者们也对其进行了几次扩建。后来教堂也被重新修缮过，其中两座塔就是由克里斯多夫·雷恩爵士修建的。教堂有一处叫作"诗人角"的地方，英格兰一些非常有名的诗人就葬在此地。我

[1] 英国古典主义时期的建筑师，与莎士比亚齐名的伟大人物。

[2] 英国的盎格鲁—撒克逊王朝君主，因为对基督教信仰有无比的虔诚，被称作"忏悔者"。

威斯敏斯特教堂

在那里看到了乔叟、斯宾塞、莎士比亚、弥尔顿和其他一些名人的名字。为了纪念他们，这里竖立了很多优美的大理石纪念碑。

教堂东边是礼拜堂和墓地。祭坛后面有一座礼拜堂，是为纪念"忏悔者"爱德华而设的。在那里可以看见亨利三世为他建的墓地，里面放置着他的骨灰。礼拜堂内也有几位英格兰国王和女王的墓地。亨利五世的头盔保存在那，阿金库尔战役中他骑的马鞍也在那，不过都只剩下木头和铁了。教堂东部尽头正对着一所有名的教堂——亨利七世礼拜堂[1]，是世界上最好的哥特式建筑[2]之一，耗费巨资建立，仅亨利的坟墓就花费了1万英镑。拼花地面[3]

[1]位于威斯敏斯特教堂的后端，建于16世纪，是英国中世纪建筑的代表作品，装饰华丽，是献给故去的国王亨利七世的礼拜堂。

[2]一种兴盛于中世纪高峰与末期的建筑风格。哥特式建筑的特色包括尖形拱门与飞拱。

[3]黏土烧成的正方形或六角形上釉陶瓷拼成的路面。釉陶瓷又称锦砖、嵌镶砖。质地坚硬耐磨。有各种颜色，可镶砌成各种图案，装饰性强。

[1]英制长度单位，1英寸约为2.5厘米。

是由韦尔大主教主持修建的，由半英寸[1]到四英寸不等的各色岩石铺成，包括碧玉、雪花石膏、斑岩、天青石、蛇纹大理石、硅质板岩，特别美丽。不难想象这项工程需要耗费多少时间和精力。

从乔治三世算起，大多数英国国王都葬在温莎。1820年，乔治三世去世时，就下葬在温莎的圣乔治教堂。你如果去伦敦的话，一定要记得参观这所教堂。

在去威斯敏斯特教堂的路上，我经过了旧时伦敦城的入口——坦普尔栅门，过去，国家的重大犯罪就是从这里被放逐出去的。如果君主即将到访，坦普尔栅门的入口就会一直处于关闭状态，还会举行盛大的庆典，游行队伍庞大，人群聚集到街头一睹盛会。

坦普尔栅门

现在那里已经建立了一座新门，之前，那还有杆子和链条制成的围栏，将斯特兰德大街和佛里特街分开，因为门距离坦普尔很近，所以这座新门被称为坦普尔栅门。

10 帕利进入威斯敏斯特宫

因为觉得我以后没机会再去那里，也不太可能碰到那么雄伟的建筑了，所以我在威斯敏斯特教堂逗留了很久。

我还想看看教堂别的地方，于是爬上蜿蜒的楼梯去到了楼顶。由于爬了太长的楼梯，第二天我的腿酸痛不已。

教堂附近有一栋很有趣的建筑，叫作威斯敏斯特厅，是威廉二世1097年下令修建的，是威斯敏斯特宫的一部分。威斯敏斯特宫原本是"忏悔者"爱德华所属，又称国会大厦。厅内的屋顶是悬臂托梁顶棚，据说是欧洲最大的非台柱支撑屋顶。以前，议会经常在厅室举行，现在，厅室用于国家审判或其他一些场合，它的一条过道通向附近几栋建筑，也就是议会以前开会的地方，那里有多间房子。1834年，一场可怕的大火烧毁了大部分建筑，新国会大厦就建立起来了。不过旧国会大厦里也进行过多次唇枪舌剑的辩论。英国上议院[1]内部悬挂着伊丽莎白时期的挂毯[2]，描绘了伊丽莎白女王在位时，军队打败西班牙

[1]议员包括王室后裔、世袭贵族、终身贵族、上诉法院法官和教会大主教及主教。

[2]也称作"壁毯"。一种工艺美术织物，原料和编织方法与地毯相同，可以用来装饰室内壁面。

无敌舰队的场景。挂毯镶在一架棕色木框里,挂毯四周是木板,板上挂着一些肖像,画着指挥那场胜战的舰队指挥官们。房子的一个角落放着一顶皇冠,国王每次来国会大厦时都会佩戴。喷漆室宽敞又高级,是上议院和下议院[1]一起开会的地方。墙壁是在亨利二世时期喷绘的,一些房间里还保留了一部分图画。下议院所在地原本是斯蒂芬国王建造的礼拜堂,爱德华三世将其重建,使其十分华美。他使内部加上顶棚,铺上地板,修了两条过道。几年前,为了使空间更宽敞,移走了壁板,失去遮挡的墙面和屋顶就显现了出来。后来,艺术家在墙上和屋顶勾勒了金边,绘上纷繁的图案,一直保存到现在。上议院有一个地下室,名为盖伊·福克斯[2]的地下室,原本是"忏悔者"爱德华宫殿的厨房。1605年詹姆士一世在位时,有些人图谋不轨,在里面储存了火药和其他一些易燃物,打算炸了国王和议会。但执行阴谋之前,盖伊·福克斯就在地下室的入口被逮住了。等我差不多讲完伦敦的故事后,我会详细告诉你们这件事的。

新国会大厦更大更宽敞。这一大片建筑由查理·柏利爵士监督建造,奠基于1840年4月27日。整体是装饰繁复的哥特式风格,作为世界上最大的哥特式建筑,其雄伟之气,即使过去多年,也令人记忆犹新。大厦有4层,占地8英亩[3],拥有3座主要塔楼。其中维多利亚塔高约340英尺,面积75平方英尺;中央厅是八角形塔楼,高300英尺,

[1]下议院大约在14世纪出现,并且一直延续至今。下议院是一个透过民主选举产生的机构,共有650名成员,称为国会议员。

[2]天主教"阴谋组织"成员。该组织企图实施火药阴谋,计划刺杀詹姆士一世和英格兰议会上下两院的所有成员。盖伊主要负责后一阶段计划的执行。但是,在未完成任务时被发现,后被处死。

[3]英制面积单位,1英亩约为4047平方米。

面积60平方英尺;威斯敏斯特宫钟塔高320英尺,面积40平方英尺。北面是下议院厅所在地,有各委员的房间和其他的办公室。上议院装修豪华,屋子内部绘着华丽的镀金线条,装饰着彩色纹章标志,窗户镶嵌着彩色玻璃,还能看见体现历史主题的精致画作。还有一条可供外人进出的走廊,不过,只有持有议员签名的单子才可以进入。

白金汉宫

女王在附近拥有两座宫殿,一座是宽阔的圣詹姆士宫[1],另一座是白金汉宫,后者更加辉煌,耗资自然也更多。白金汉宫整体给人一种奇妙的感觉,令人印象深刻,无论是凯旋门[2]、彩金的宏伟大门、雕像柱,还是一些主要建筑、三角墙、柱上楣构和富丽堂皇的内部装修。乔治国王说:

[1]英国君主的正式王宫,为英王亨利八世下令建造的。王宫大部分地区在1809年的一场大火中被毁,修复后,一些王室成员再度搬回王宫。

[2]最著名的凯旋门位于法国巴黎的戴高乐广场,是一座迎接外出征战的军队凯旋的大门。本文指的是白金汉宫前的一座圆拱门,形似巴黎凯旋门。

[1]旧时发生于君主或显贵间的，专为某人举行的招待会。

[2]英格兰最著名的勋位，创立于14世纪中叶，由爱德华三世设立。

"这不是为某一个帝王，而是为以后所有的帝王而建的。"女王并非一直住在白金汉宫，她在国家别的地方还有好几个宫殿。不过，她大部分时间都会待在这里，这里总是举行盛大聚会，国内外成百上千的贵族和绅士会前来拜见她。聚会被称作"早晨接见[1]"。也有一些更豪华的盛会，女士也会到场。地点在客厅，人们穿着华丽的衣服，女士头上和官员帽子上佩戴的翎毛微微晃动，场面十分壮观。约克公爵雕像离宫殿不远。公爵雕像左边是英国最高勋章嘉德勋章[2]的标志。除开底座，雕像高124英尺。

约克公爵雕像

雕像柱的内部设有一座蜿蜒的楼梯，可以借此爬上最高点。顶部视野宽阔，能看到四周美景。柱子附近有一大片土地，分布着草坪、人行道和灌木林。那里是圣詹姆士公园,很多人悠闲地在那里散步,树下的长椅上,还有人躺着休息。除了圣詹姆士公园,还有其他公共的公园,来的人也非常多。

阿喀琉斯

其中最大的是海德公园和摄政公园。海德公园里有一座精致的阿喀琉斯[1]雕像。摄政公园里有一些动物园区,里面饲养了很多来自不同国家的动物,比如说,非洲的鸵鸟和狮子、亚洲的老虎和大象、新荷兰的袋鼠,还有许多世界各地的奇异野兽和鸟类,我也说不全它们的名字。观看动物是件很开心的事。它们虽然被关在笼子里,但依旧能呼吸到新鲜空气,而且也比大多数其他动物园的动物更自由。其中许多动物晚上能在舒适的棚屋或小屋里睡觉,白天可以在青青草地散步。水禽也能在清澈的水

[1]《荷马史诗》中参加特洛伊战争的一个半神英雄,希腊联军第一勇士。全身刀枪不入,除了脚踵。最后他因为被暗箭射中脚踵而死。

塘里游泳和沐浴。不过我还是想整体地描述下花园。对了,绿色公园的入口和海德公园的入口都很宽阔,而且两个公园几乎是正对着的。

绿色公园的入口

海德公园的入口

11 伦敦动物园

　　这里的动物园是伦敦最吸引人的。到达门口时,我发现那里至少停着20辆各式各样的马车,一些马车装饰得很华丽。有些人生下来就含着金汤匙,有些人则出生卑微。可是,我觉得相比一些坐在马车里,但是腿瘸或脚患痛风的人,四肢健全、行动自由的人要幸运得多。我们要热爱生活,努力奋斗。

动物园

杆子上的熊

　　沿着公园过道望去,我看见一个立在高杆上的熊,走近后,我发现底下还有三四只熊,它们或走来走去,或翻着筋斗。我在世界不同地方看见过很多熊。我在长棍子上戳了一个小圆面包,杆上的熊很开心地抓住了它。

　　离熊不远有一个大笼子,里面住着金刚鹦鹉。旁边有一个池塘,里面游着各种水禽。

金刚鹦鹉

那里还有一间美洲驼的屋子。美洲驼是骆驼的一种，不过相比骆驼而言，它长得更像绵羊。那里有两个种类的美洲驼，棕色的和白色的。当它被惹毛时，还会向你吐唾沫呢！

还有狮子、老虎、金钱豹、黑豹、狼、鬣狗[1]、大羚羊、豺狼。这些动物都很干净，公园里还种了很多花。

[1]一种哺乳动物，属鬣狗科，外形似狗，头比狗的头短而圆，毛呈棕黄色或棕褐色，有许多不规则的黑褐色斑点，靠食用兽类尸体腐烂的肉为生。

美洲驼

金钱豹

[1]鸟纲鸸鹋科
唯一的物种,以擅长
奔跑而著名,澳洲地
区的特产,世界上第
二大的鸟类,体形仅
次于非洲鸵鸟,因此
也被称作澳洲鸵鸟,
吃树叶和野果。
　　[2]鹈鹕是8种
水禽的统称。身长
约150厘米,全身长
有密而短的羽毛。
有些种类的鹈鹕体
形较大,常成群生
活,善于飞行,善于
游泳,主要以鱼类
为食。

　　有一只金钱豹,它的笼子里有一个大约8磅重的铁球,它推了推球,球滚动起来,为了躲开,豹子来回跳跃,姿势非常优雅。

　　飞禽和鸟类似乎数不尽,我无法确定到底有多少种,鸭子、天鹅、苍鹭、鹤、秃鹰、老鹰、鸸鹋[1]和鹈鹕[2]等等。可以说,那里是世界上观看鸟类和野兽最优秀的景点之一。那里有来自炎热国家的狗,从寒冷地区来的麋鹿,还有袋鼠等动物。

秃鹰

鸸鹋

北极熊是那里最丑的动物，体形庞大，体色灰白。在我看来，它是最没生气的。美国水牛、加拿大马鹿[1]、印度梅花鹿和犀牛都值得一看。

[1]有蹄类与偶蹄目中的大型动物，只有雄鹿才有鹿角。以草、植物、树叶与树皮为食。

梅花鹿

　　一大群人包括很多年轻人围在猴子的笼子外面。猴子们在跳跃，摇摆，吵闹，敲坚果，进行各种滑稽的恶作剧。我在亚非美三洲见过上百只猴子，不过我还是停下脚步

猴子屋

观看了半小时。看到周围的年轻人这么开心愉悦,我也不禁高兴起来。对我而言,在这个世上,年轻人闪亮的眼睛,以及在他们胸膛跳动的欢乐的心,几乎是最明亮的存在。

鸵鸟的眼睛特别美。如果你在非洲沙漠上见到它,你一定也会这么觉得。

我去大象围场时,这个巨大的动物正从水里出来,它之前在水里凉快。

它拉倒了长在附近的一棵小树,再用前腿一踢,树就断了,似乎这就和我们扳断一根烟管一样轻松。不过我保证,它是只温驯的好家伙。

在动物园里,你还会看见河马。和别的动物比起来,它长得有点不匀称,腿又短又粗,身子又大又圆,笨拙得很。这种河马生活于非洲好望角附近的河流里,主要分布在尼日尔河到奥伦治河一带。

看完动物吃食后,我才走开。当狮子张开血盆大口,发出震耳吼声时,人群都吓得往后退,仿佛狮子要吃了他们一样。鬣狗边吃饭还边发出很大的噪音,孟加拉虎把爪子伸出笼子撕开了牛骨,好像它们要把整个窝都扯下来一样。看鹈鹕吃饭很好笑,你们可能没见过那样的场面。一旦饲养员带着一个大篮子露面了,池里的鹈鹕就出现一阵躁动,扑扇起长长的翅膀。

鹈鹕屋

　　另一位饲养员要负责看门，保证一次只有一只鹈鹕出来吃食。但凡某只鹈鹕得了自由，它就会立刻飞出来，发出一阵奇怪又含糊的噪音，连飞带跑地朝放在绿地上的水缸奔去。饲养员在水缸里放上大约六条鱼，鹈鹕们则围在旁边。鹈鹕挥舞着翅膀，围着水缸跳舞，把它的长嘴浸在水中，一抓到鱼就快速吞下去。它一吃完，饲养员就把它送回去了。等又把一些鱼放进水缸后，就会放另一只鹈鹕出来。

　　鹈鹕飞行时笨拙的模样，吃鱼时贪吃的样子，配上人群的哄笑声，场面极其滑稽。

　　还有一间屋子里养着几条大蟒蛇，皮肤花纹精细优美。在英格兰，一条蟒蛇就是一幕风景。我本该在那里多看一会儿的，但屋里还有各种鸟，数量有上百只，它们发出又尖又刺耳的声音，我实在是待不下去。

我听说每年动物园都得到改善,扩建园区,建造人工湖,或者是每一季度引进一些新品种的动物。成千上万的人来欣赏花园,观看野兽和鸟类,感受欢乐的气氛。如果我住在伦敦,我也会和他们一样常常去那里的,哪怕只是去看无忧无虑的孩子们,夏日里,从早到晚都可以看见他们聚集在那里玩耍的情景。

伦敦人性情各异,爱好也不同。因此,除了这些动物园,伦敦还有很多其他供人们放松的场所。我们之后就谈谈这些地方。

12 娱乐场所

伦敦不缺休闲娱乐地,仅剧院就有20间,其中一些剧院非常宏伟。几乎所有的剧院都想方设法吸引顾客。如果我是管理者的话,我只会让剧院演出那些有启迪作用的剧目,或者也会演能够博人一笑的戏剧。而且,我不会让它们营业得太晚,那些风评不好的人就不得入内。这样的话,年轻人就不太会在剧院上花费过多的钱了,人们在外面喝酒晚归的可能性也小了,也能少受狐朋狗友的影响,避免一些麻烦。

一些最著名的休闲场所包括女王陛下剧院、皇家意大利歌剧院、特鲁里街剧院[1]、科芬园[2]剧院等。不过,科芬园剧院于1856年3月5日早上被一场大火烧毁了。上面提到的地方都非常宽敞。另外,还有一些规模中等的剧院,包括圣詹姆士剧院、公主剧院、英国皇家学会剧院、雅达辉剧院、斯特兰德剧院、奥林匹克剧院和阿斯特利剧院。当然,还有一些小规模的剧院。

场所开放的时候,成千上万的人涌去,仅入场费就能收很多。人们如此热衷于这项娱乐,即使剧目不加一点变化,也能连着两三百天一遍遍观看重复上演的节目。

沃克斯豪尔管弦乐团

连续多年,沃克斯豪尔都是最受欢迎的娱乐场所,被关闭一段时间后,它又重新开放了。庭院内布局奇特,由一组颜色各异的灯照明。成荫的道路、高高的树木、不同的娱乐项目、华丽的烟火总让人们在那里逗留到凌晨两三点。不过那不适合我。我得早睡早起,否则我精神状态不会像现在这么好。

票价打半折时,三四千个年轻人会聚集在一起,在沃克斯豪尔庭院里看烟花。这样的夜晚,娱乐活动会比平常早一些结束。那时的烟火美丽得难以言表,烟火、灯、寺庙、山峰、星星和凯旋门交相辉映,仿佛燃烧的山的景象。

克雷蒙花园和沃克斯豪尔旗鼓相当,不过我没找到时间去参观,只听说它是夏日绝佳的避暑胜地。伦敦市民平时待在大城市里,绿色田地并不常见,难怪他们愿意去这些地方。

伦敦集市很值得一看,我把每个都参观了一遍。集市摊位上摆满了各种有用和新奇的玩意,十分吸引人的眼球。

皇家艺术学院的展览一年只开放一到两个月,画作主要由皇家艺术学院成员或杰出艺术家绘制。五六月份时,伦敦的一些贵族、名流和不知名人士会来拜访此地。国家美术馆也收藏了一些世界级的精美作品。

我在皇家理工学院的参观经历很愉快。那里有各种发明及其改进的模型,比如说蒸汽机、太平梯、救生船、救生艇、轮船,以及在天然磁石上的实验模型、钟形潜水器和许多其他的各种模型。那里曾制作出一种枪,创造了纪录,仅仅几秒之间,枪就可以发射50多颗子弹,看上去仿佛射出了一条线。

莱斯特广场有个圆形监狱，造型和皇家理工学院有点像。如果有机会，你们一定要去看一下，哪怕只是从外面看一下也好。

伦敦展览出了许多全景图、实景模型和西洋镜，可以观赏世界风俗景物。这些都是不同种类的作品。全景图是圆形的，看世界风俗景物的西洋镜则是通过镜片，实景模型处理得很好，打上了光线和阴影，可通过有色玻璃观看。每一年这些展览都给观众呈现新的面貌，这样，人们即使不离开伦敦也能看到遥远城市的景色。

在莱斯特广场的里伯福德看到的风景是最开阔的。在伦敦，最好去参观一下"怀尔德地球仪[1]"。在那里，你可以看到我的祖国——美国，以及一些著名的欧洲战场。

罗马圆形大剧场是一座非常大的建筑，周长 400 英尺，无论从哪个角度看都很优美。在那里参观时，我发现那里有一幅伦敦图像，绘制在将近 1 英亩大的画布上。

你们是不是很好奇这幅画是怎么制作的？其实是这样的：艺术家在圣保罗大教堂穹顶上搭建好脚手架，早上没点火把前，他们得爬上去画草图。否则，散发的烟就会影响作画。

草图完成后，另一位艺术家就会接替他画下去。除了这幅巨作，剧场还有很多别的值得观赏的东西，比如说圣保罗大教堂的十字架模型。剧场下面还有间地下室，里面摆满了雕塑、模型和其他一些古玩。其中有一个优雅的村

[1]位于伦敦莱斯特广场，由詹姆士·怀尔德建造。

舍模型是仿瑞士村舍建的，还配有阿尔卑斯山脉[1]的景色；还有一座精致的温室模型；非洲峡谷的模型里面还摆放了形形色色野生动物的样本，看起来栩栩如生。

关于罗马圆形大剧场和那里的游客，我不打算讲太多，因为我还想和你们聊聊别的话题，比如说伦敦塔和其他一些地方。在那之前，我还要讲一个剧场里的一个有趣的装置。有些人去那里观赏那幅巨大的画作，可是由于体质虚弱，他们并不想爬高高的楼梯，而是选择进入一个密闭的小房间。这间小房子里安装了一件奇妙的装置，关上门，操作装置，就可以快速上移。大概一分钟后，人们就会发现到达顶部，眼前的画作一览无余。关于罗马圆形大

[1]位于欧洲中南部，欧洲最大的山脉，位于法国、意大利、瑞士、德国、奥地利和斯洛文尼亚等国家的部分地区，主要分布在瑞士和奥地利国境内。

罗马圆形大剧场

61

剧场、模型屋、温室、非洲峡谷模型，我已经把我知道的都告诉你们了。不过，它们现在应该也得到了一些改进，发生了一些变化。我听说，由于缺少公共资助，现在这座剧场计划出售了。对此，我感到很可惜。年轻的朋友们，和世上大多事物一样，公共展览有辉煌的一日，也有陨灭的一天。不过如果罗马圆形大剧场也难敌这个宿命的话，真的是太遗憾了。

下面，我们还是来谈谈伦敦塔吧。

 白塔之上

伦敦塔

伦敦塔是大型防御型建筑群,外面包围着一条护城河和壕沟[1],里面包含几条街道,占地12英亩。11世纪,征服者威廉开始修建伦敦塔,到伊丽莎白时期为止,它一直都是皇家宫殿。它也一直充当着国家监狱的作用。简·格雷女王就是在这里被幽禁和问斩的。其中有几座著名的建筑。

白塔矗立在堡垒中心,是一座大型方形建筑,也是伦敦塔中最重要的一座塔。塔四面建有塔楼,在格林尼治建成前,其中一座塔楼用作天文台,甚至还有自己独立的名字。在白塔的不同区域里,放置着一些战争装备的模型和各种武器,都是为政府服务的。顶部是大水箱,装满了消防水泵,水泵从泰晤士河取水,负责给要塞提供水源。白塔里有个海军军械库,里面放置着将近5万海员和水兵的武器装备。啊!我敢说你们看到一定会吓一跳的。大储藏室建于威廉三世时期,原本是一座宏伟的砖制建筑,1841年,被一场大火烧得一干二净。地面有一部分皇家炮兵车,包括世上最早发明的大炮之一,大炮由金属条和铁锤打制,最后用铁环绑在一起。和现在的大炮不同,最初大炮不是放在马车上移动,而是依靠6只专门用于移动的圆环,操作简便。这间屋子用于储藏小型武器,可以不引起一点注意就送到任何地方。这间屋子上方有间小军械库,称得上欧洲最好的军械库之一。里面收藏了许多武器,可供15万人使用,它们被整齐美观地摆放着。很多人

[1]作为保卫或圈围用的明沟,用于军事防御。

认为所有军械和古物都被1841年那场大火烧毁了，但事实并非如此，除了白塔，还有一些物品存放在马军械库，也因此得以幸存。

马军械库就是正对白塔南边的那座大厦。里面也收藏了许多盔甲，都按年代有序地排列着，包括从爱德华一世到詹姆士二世的一些盔甲。西班牙军械库里储藏了一些武器和刑器，估计是打败无敌舰队时缴获的战利品。马军械库还摆放了将不幸的简·格雷女王斩首的那把斧子。我个人不太喜欢看这种沾满鲜血的武器。

珍宝馆里珍藏了很多珍贵的物品。让我来一一举例：1. 乔治四世加冕时戴的皇冠。在一堆珍贵宝石中，有一枚超过2英尺长、1英寸宽的蓝宝石，还有一枚红宝石，黑太子爱德华和亨利五世分别在克雷西战役和阿金库尔战役上戴过。2. "帝国王冠[1]"，国王每次去上议院时都会戴上这个王冠。王冠最初是为查理二世制作的，上面不仅镶嵌着价值10万英镑、长7英寸的祖母绿，还装饰了据说是世界上最大最美的珍珠，以及一些其他珍贵的宝石，显得格外与众不同。3. 维多利亚女王和威尔士亲王[2]的皇冠。4. 国王和女王的权杖。5. 装饰着珍稀宝石的金球。加冕前，国王将球握在右手；加冕后，右手要拿着权杖，球则换到左手上。除了这些，还有金老鹰，里面放了国王擦拭身子的油；金刺；皇族洗礼时用的银制圣水器；国宴用的盐皿，其外形是一座金制白塔；还有一些其他珍贵的物

[1]主要用于加冕典礼和上议院议会开幕典礼。

[2]威尔士公国的元首，英格兰吞并威尔士之后，自1301年英王便将这个头衔赐予自己的长子。从此以后，给国王的男性继承人冠以"威尔士亲王"的头衔逐渐相沿成习，"威尔士亲王"便成了英国王储的同义词。

品,由于价值不菲,外面设了玻璃隔层,只能透过玻璃欣
赏。这里所有珠宝和盘子的价值估计不会低于300万英
镑,仅仅是现任女王头上的皇冠就价值100万英镑。

纪念碑

我在伦敦塔逛了很久,离开后,我出发去参观渔街山[1]
的纪念碑。

这块碑是为纪念1666年伦敦大火而建,建筑师是克
里斯多夫·雷恩。它由水泥打造,碑体呈圆柱形,立在火
灾爆发的地方。上面嵌入了一个镀金黄铜的骨灰瓮,呈燃
烧状,总高度是202英尺。基座西边刻着浅浮雕,展现着
那件可怕的事。浮雕里还刻了查理二世的图像,图像四周

刻着"自由""天赋"和"科学"几个字,指引着这个城市的复兴之路。我从基座的门进去,爬上了一座蜿蜒的楼梯,楼梯由345块黑色大理石台阶砌成,一眼望去,仿佛没有尽头。但是我最终还是爬到了顶部的铁阳台上,那里视野宽阔,我觉得爬了那么长的一段路也值得了。对我这个年纪的人来说,爬这么长楼梯很艰辛,连年轻人都很少有勇气爬上来。以前,有几个精神失常的人从这儿的屋顶上跳了下去,弄丢了性命。为了避免悲剧重演,阳台上已经加上了防护铁栏。

我下一站去了大英博物馆,那里摆满了珍奇古玩。我只记住了其中主要的几件。由于珍藏的古物和珍奇宝物越来越多,最后不得不于1847年建一个更大规模的新博物馆。

博物馆的大厅立着一尊奇特的印度雕塑,展现了恒河[1]下游的景象。其中一间屋子里收藏了许多奇珍异宝,来自世界各地。我在那里看见了一箱箱物品,是由英国探险家和航海家库克船长[2]带来的,还有其他一些来自北美和南太平洋诸岛的玩意,包括武器、乐器、昂贵的披风和羽毛做的头盔、塔希提岛[3]上女子穿的丧服、因纽特人[4]的裙子,还有从汤加群岛[5]引进的一些人物雕像,我觉得雕像十分难看,大概是我见过最丑的雕像。在这些房间里,也有一尊奥利弗·克伦威尔的迷你雕塑,雕刻得特别精致,一边还刻有他的手表。还有两幅刻在胡桃壳上的肖

[1]印度北部的大河,其大部分流程为宽阔、缓慢的水流,流经世界上土壤最肥沃和人口最稠密地区之一。

[2]全名詹姆士·库克,人称库克船长,是英国皇家海军军官、航海家、探险家和制图师,他曾经三度奉命出海前往太平洋,创下首次欧洲船只环绕新西兰航行的纪录。

[3]南太平洋上的波利尼西亚群岛118个岛中的最大一个,四季温暖如春。

[4]生活在北极地区,分布在从西伯利亚、阿拉斯加到格陵兰的北极圈内外,分别居住在格陵兰岛、美国、加拿大和俄罗斯。

[5]位于太平洋西南部,它位于国际日期变更线的西侧,是世界上最先开始新的一天的国家。

像，刻的是威廉三世和英格兰玛丽一世，十分有趣。在其他屋子，还整齐地摆放了希腊、罗马和埃及的古物。比如说：矿物、贝壳、鸟类、昆虫样本、植物标本和一些其他珍品。埃尔金大理石雕尤其引人注目。莱亚德爵士最近花费大量金钱和精力从古代亚述的首都尼尼微引进了一批古玩，组成了十分有趣的景象。说到贝壳，雌性软体动物贝葵的纸状外壳是最奇特的。这种动物有八只长长的手臂和触须。它将最前面两个手臂伸进身后的薄膜和皮肤里，把其中两只手臂当成帆，剩下的几只手臂当成桨，先排空壳里的水，再将其灌满，循环往复，它以这种方式自如地漂到海面或沉入海底。不知道你们听说过这种动物没？最近，博物馆经历了一些非常重大的改变，也引进了一些新收藏品。不知道我有生之年能不能有机会再去一次。

埃尔金大理石雕

　　罗瑟希德和沃平之间有一条河流，其中一处又深又宽阔，两岸来往船只很多。它们不停地穿行在河中，不是在出发去国外的路上，就是在回来的途中。我之前和你们说过泰晤士河穿过伦敦，并且河两岸建了几座大桥。可是这里船的桅杆很高，因此并不适宜造桥。于是，人们决定在河下挖一条通往两岸的隧道。

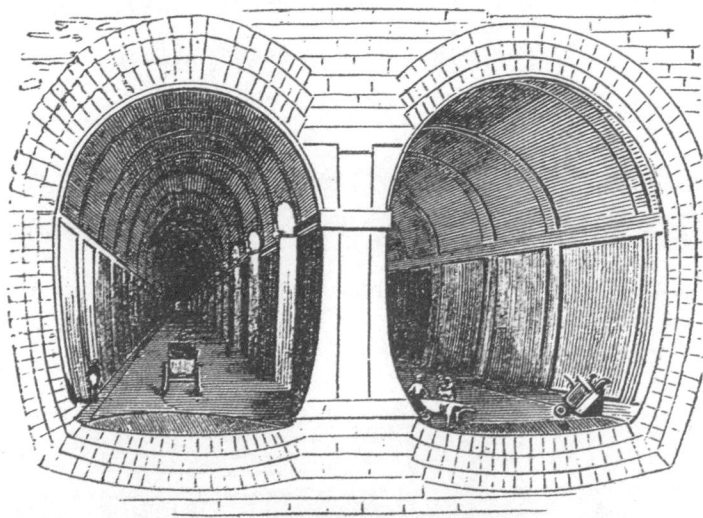

泰晤士河隧道

　　这项伟岸的工程耗资61.4万英镑，1843年开始投入使用。成千上万的人去过那里，我也是其中之一。

14 印度大厦

印度大厦

现在,我们来说说印度大厦吧。它是一座大楼,东印度公司[1]的主管在这里清算账目和管理事务。大厦前有几根大圆柱子,柱子顶部有几尊雕塑。门廊站着一位老人,穿着宽大的蓝色大衣,不过袖口是红色的,他向我一一讲解了雕塑。他说最高的代表大不列颠,马上的雕塑代表欧洲,骆驼上的代表亚洲。依据高耸的驼峰,能认出那是只骆驼。

[1] 1600年英格兰女王伊丽莎白一世授予该公司皇家特许状,给予它在印度贸易的特权。特许状实际上给予它在印度贸易的垄断权。后来它从一个商业贸易企业变成印度的实际主宰者。

[1]英国殖民官
员。首任驻印度孟
加拉总督。生于牛
津郡。最初受雇于
东印度公司,后步入
政界。

[2]又译康华里
或康华利,英国军
人,殖民地官员及政
治家。

[3]伊斯兰教的
经典。

[4]印度南部城
市,1767—1799年英
国殖民者对印度迈
索尔王国进行的四
次侵略战争,又称迈
索尔战争。本文中
铁普苏丹就是死于
第四次战争。

走在过道上时,我发现来来往往匆忙的人群,仿佛在这栋大楼里办理一系列业务。没走多久,我看见了两支长长的虎枪,枪口的造型和虎头很相似。

在内庭,有一支精致的壁炉架,还有白色大理石雕成的优雅的女子塑像,代表着印度、亚洲和非洲。在房间的壁板上有一些精美的图案,展示了印度风光和一些重大事件。

在这里看到的古物太多了,我一辈子都无法全部记下来。有印度富人的画像,他们戴着华贵的珠宝,穿着华丽的衣服。还有沃伦·黑斯廷斯[1]和康沃利斯侯爵[2]的肖像,这两位是在印度有高级指挥权的贵族。波斯皇帝的肖像画会令你大吃一惊。画像里,波斯皇帝留着长长的黑胡子,每只手臂上都有10—20个精美的珠宝,他坐在一条地毯上,上面铺满金子和珍珠。你可能听说过《古兰经》[3]。印度大厦里就摆放了一本《古兰经》复印本,这本书的原主人是铁普苏丹。他是迈索尔[4]的首领,是一个暴君。我不清楚他为什么那么仇视英国,但他的确打心底里讨厌英国,等你们听了他的事迹就会了解他有多讨厌英国。他曾雇了一位艺术家,让他制作了一架机器,里面包含了小型英国士兵和老虎的模型。只要转动把手,老虎就会大吼一声、往前一跃,然后把士兵撕个粉碎,士兵则发出非常可怜的哀叫。这架机器给铁普苏丹带来很多乐趣。

我在印度大厦看见了这个机器,就在我转动把手时,一个陌生人向我走了过来,和我谈起铁普苏丹的事。他说好些年前这里有一幅宏大的全景图,描绘了塞林伽巴丹被英国攻下的场景。塞林伽巴丹是迈索尔首府。它在同一时间受到三面夹击。铁普苏丹手下的士兵们拼死抵抗,掷弹兵从一条秘密的通道疯狂地冲出来,勇猛地做出反抗,

铁普苏丹之死

然而一切都无济于事。一个炮弹炸断了吊桥的链子,英国士兵、盟友和一些起义的当地人冲进城门。城市被攻下后,人们在拱门下发现了铁普苏丹的尸体。关于铁普苏丹,我就说到这了。

印度大厦里有很多战利品,是在攻打塞林伽巴丹时缴获的。各种类型的丝制旗帜,旗上有很多子弹孔。一副曾用来放置铁普苏丹的皇冠的脚凳,铁普苏丹的盔甲和头盔。头盔是软木制成的,外面包着昂贵的丝绸。虽然我不知道它能不能挡住子弹,但它的确非常轻。据说他穿的斗篷可以刀枪不入。我不清楚他被杀的时候是否穿着这件斗篷,不过即使他穿了,也不见得结局会好多少。无论是哪个国家的暴君都令我感到厌恶。

有两三人坐在桌子边上,抄着一些奇怪的手稿。我越过他们的肩膀看去,问他们在做什么,其中一人让我随意阅读他们抄写的东西。他们抄的是波斯语、印度语和孟加拉语,他之所以这样说,可能是因为知道我根本不可能看懂。

大厦里还有成百上千册中国书籍,蓝色封面,装订在一起。不过想读中国书籍的话,先得去一个可以学中文的学校。马来语的手稿都抄在棕榈树叶子上,上面的符号不过是用尖锐的物体画了几笔,再组合成不同的形状而已。

除此以外,还有一些手稿,上面绘制了图案和几个大写字母;一些大书,其封面刻板上雕着漂亮的彩色印度风光；一些古代石砖，上面写着密密麻麻的蝇头小字；来自中国的岩石版画，色泽有点像青铜；一些象牙塔，里面摆着用银和珍珠刻的迷你人像、鸟和树。另外，大厦里还有一大堆雕像，我觉得不太好看。

印度大厦里收藏了一些玻璃器皿，颜色亮丽，里面装着鸟、甲虫、蝴蝶标本，相信你们一定会喜欢的。还有一些器皿里装有猴子、野猫和狐狸标本。大厦里还有大量印度裙子、精致雕刻的梳子、金线银线织造的衬衫，以及成百上千件其他物品，令人眼花缭乱。

东印度公司经济实力强大。成千上万的人从印度带回了巨大财富，不过并非所有人都这么幸运，更多时候，他们带回的是垮了的身体。有钱却没有健康又有什么好的呢？如果能拥有整个印度，但是代价是健康的话，我宁愿只是个平凡人，健康又安静地待在自己小小的棕色屋子里。现在，我们来聊聊别的吧。

15 海军部的电报机

我在伦敦的日子过得很愉快，我参观了很多地方，别人也给我推荐了很多值得一游的地方。

海军部

作为一位老海员，我选择去了海军部，那里处理着很多与海上相关的事宜。海军部建筑宏伟，有一个门廊，两边还有一些附属建筑。大厅周围尽是办公室，处理着繁忙的事务，战争期间尤其忙碌。

各部门有一些委员住在这里，目的是发生紧急事件时不耽误时间。英国海军规模十分庞大，海军部人员根本没机会偷懒，他们需要给不同船舰下达命令、遵守规定，任命海军上将[1]、船长、海军上尉[2]以及其他官职，还要管理军事法庭和处理各种事物。

之前，楼顶上有一台电报机，用来把命令发布到各个海岸和接受消息。它的外部是一个大框架，框架里面有6扇百叶窗，可以用绳子把它们拉到不同位置，于是，工作

[1]海军高级军官的职称和军衔，是指挥海军一个舰队或在陆上担任重要海军职务的军官。

[2]海军军官中主要军衔之一，军衔体系中同一等级由高到低区分为大尉、上尉、中尉、少尉、准尉。

人员能够用这些装置发送代表26个英文字母和10个数字的信号。这样,只要每隔8到10英里设置一个电报机,信息就能够以三四分钟100英里的速度传递。

朋友们,在科技还不够进步的时候,信息就是通过这种方式传递的。

这种十分精致的机器包括电池、导线和主体这三个部分,通过电线上的电流,主体能在几秒内将信息传递到很远的地方去。这幅插图展示的是该机器的操作界面。

电报机

现在我和你们谈谈白厅的事。这座大厦离海军部不远,就在街道的另一边。

[1] 英国的政治家，英王亨利八世的大法官和主理国务的大臣。

白厅以前不是现在这个模样。约克大主教托马斯·沃尔西[1]在这生活的时候，拥有400多个侍从，服侍他的人也有下一级的侍从。他生活非常奢侈，而他又是个骄傲自大、自视甚高的人。任何人都不应骄傲，教会牧师尤其如此。后来，他便失去了国王的宠爱，从此荣光不再。

伊丽莎白女王在位时，白厅十分辉煌。宴会厅超过300平方英尺，由近300盏玻璃灯照明。

原来的宴会厅被毁坏了，后来得到了重建，于是就有了现在这座优美的建筑。詹姆士一世付了3000英镑给当时的著名画师，让他在穹顶绘图。

查理一世就是在白厅前被处决的。站在那里时，我提醒自己，即使能住在豪华宫殿里，但是过着明争暗斗的日子，身边危机四伏，不如住在小房子里，平静安稳地度过一生。

奥利弗·克伦威尔曾住在白厅，之后，查理二世成为白厅主人。詹姆士二世、威廉三世和他的王后相继住在那里。

1691年一场大火烧毁了这个地方。只有宴会厅幸存下来，现在已经被改造成礼拜堂了，其他部分都只剩下一些遗迹。

伦敦市长官邸建于1739年，有人称之为市长大人的房子。这座建筑十分宏伟，不过有些人认为前面的门廊太大了。市长大人是这座城市的首要官员，在这里主持正义。我还要其他很多地方要参观，不能逗留太久，因此我只简单往里扫了两眼。

英格兰银行

[1]伦敦市的一条街，这里有许多英国著名的金融机构，其中英格兰银行就坐落在这里，它也是英国的中央银行。

我想，位于针线街[1]的英格兰银行是世界上第一个跟钱打交道的地方。那里堆了许多小山一样高的金子。我在那里看见了好多捆纸币。

英格兰银行于1817年5月开业。建筑风格独特，规模较大，长490英尺，宽108英尺。建筑外观庄严，让人感觉如果没有主人许可，谁也别想从里面取走一分钱。

大厅上方有一座奇怪的钟，它共有16个钟面，分别在银行不同的房间里，所有指针全部依靠安装在这同一座钟上的铜柱推动。

大多数人都知道亚伯拉罕·纽兰的名字,他的头像印在英格兰银行发行的纸币上,银行的一间房子里挂着他的肖像,我想和你们简单讲讲他的事迹。

他是磨坊主的儿子,有良好的教养。年轻时,他就当上了英格兰银行的职员。他的经历印证了一句话——经商最重要的就是诚信和恒心。他的职位不停上升,最后当上了首席出纳员。他的名字也出现在了纸币上。他每一年都有丰厚的收入,离世那年,他的年收入已经达到了6000英镑。

银行有一个圆形大厅,那里可能是世界上最嘈杂的地方了。公债所有者和股票经纪人们在这里进行着各种交易。如果想要宁静的话,可千万别来这里。这所宏伟的国家银行始建于1694年,最初投资是120万英镑,建筑风格和地方长官办公大楼很相似。

我还去皇家交易所逛了半小时。我花了一点时间参观了建筑四周壁龛里的雕像。当时恰好是营业时间,周围很吵,于是我就走开转去交易所内部了。中间的场地是给商人和其他人会面用的,长150英尺,宽117英尺。还有一些不同的场地供人们进行不同商品的交易。里面有爱尔兰区、苏格兰区、东印度区和其他一些区。

旧皇家交易所

我到处走动时,有人给我介绍了不同的雕像,竖立在中间的是查理二世的雕像。据说地面铺的石头真的是从土耳其运来的。

著名的劳埃德咖啡屋[1]就在这所建筑里,那里记录了所有和海运有关的情报,比如船只离岸、靠岸、遇难或其他一些事情。交易所营业时间是从中午12点到下午4点,频繁来这里的人可以说比蜜蜂还忙碌。

1838年1月10日,这座交易所遭遇了一场大火。1842年1月17日,阿尔伯特亲王重建了一座辉煌的建筑来代替它。1844年10月28日,交易所第一天营业,维多利亚女王甚至亲临现场。建筑完全由石头砌成,从东到西全长

[1]伦敦一家咖啡馆,由于临近海关、海部和港务局,因此成为船长、船主和交易商钟爱的会晤场所,后发展为著名的保险公司。该馆现已不存在。

308 英尺。庭院长 170 英尺，宽 112 英尺，中间竖立了一座
精致的维多利亚女王的雕像。交易所里也有其他一些雕
塑，包括建筑师托马斯·格雷哈姆爵士的雕像，还有休·米
德尔顿爵士和伊丽莎白女王等人的雕像。在这群尊贵人
物的雕像前刻着这样的题词："地球是上帝的，这里的富
饶也如此。"有人认为这里有火蜥蜴——一种能在火里生
活的动物。我觉得这里可能生活着一些蚱蜢，新建的交易
所顶部有一座镀金的蚱蜢像，我相信那是为了纪念在过去
那场大火里幸存下来的蚱蜢。

新皇家交易所

伦敦皇家交易所由托马斯·格雷哈姆爵士始建于

1566年6月7日。1570年1月23日,伊丽莎白女王将其投入使用。1666年,伦敦大火将其摧毁。后来城市测量员爱德华·贾曼又进行了重建。神奇的是,建造者托马斯·格雷哈姆爵士的雕塑在两次大火后都完好无损。

在威廉国王大街的一条人行道上,一座巨大的威廉四世的雕像面对伦敦大桥竖立着。雕像高13.3英尺,重20吨。

我去了市政厅,那里十分庄严,里面开设了一个法庭。伦敦市政厅始建于1411年,建设资金来自赦免罪行和罚款筹集到的一大笔钱。1666年,它被大火烧毁了,于1789年得到重建,长170英尺,宽68英尺。大厅西面窗户边竖立着两座巨人般的雕像,看上去一点也不好看。人们说其中一个代表古代英国人,留着长长的胡子和平滑的头发,另一个是撒克逊人[1],长着浓密的黑色胡子,戴着头盔。

我问别人这两座像是在什么时候建的,又是因为什么被放在市政厅里,可是没人说得清楚,我也就不再追问,不过我打听到了这两个巨人的名字,他们分别是高格和玛各。

市政厅里有很多法官的肖像和雕塑。有一尊贝克福德的雕塑,贝克福德曾两次当选伦敦市长。查塔姆勋爵的纪念碑花费了3000基尼[2]。也有几座为了怀念威廉·皮特[3]和霍雷肖·纳尔逊[4]而竖立的纪念碑。市政厅北面是

[1]日耳曼人的一支,最早居于波罗的海沿岸和石勒苏益格地区,后内迁至德国境内的尼德萨克森一带,称为萨克森人,公元5世纪初,萨克森人北上渡海,在高卢海岸和不列颠海岸登陆入侵,为区分两者,学界将在英国定居的萨克森人称为撒克逊人。

[2]英国旧时金币名,1816年英国政府宣布基尼退出了流通货币的行列,不再进行面值交易。

[3]英国历史上一对著名的父子首相,父子二人同名。

[4]英国18世纪末及19世纪初的著名海军将领及军事家。

市长厅。

市政厅里还有市议会厅,市参议员在那开会,市长大人在那布置工作。虽然我很想在那多转一会,不过由于行程匆忙,我不得不离开去下一个地点。

造币厂是制造金钱的地方。它建在塔丘上,位于伦敦塔旁边,是一个非常宏伟的希腊风格的建筑,是按照斯默克先生的设计建造的。用蒸汽机来制造金钱,一片平凡无奇的金属转眼就变成美丽的硬币,铸造速度快得令人吃惊。然而,我们有足够的理由相信,金钱是罪恶之源。如果一个人住得安心,心态平和,与人为善,那么他不需要多少钱就能过得很好。如果他做不到这些的话,即使拥有许多钱也不会开心。

我下一站去了海关部。海关部就在泰晤士河旁边,现有的建筑建于1817年5月12日。原本的海关办公室比现在的要高级,不过1825年原海关办公室被现在的取代了。除了原来投入的25.5万英镑,它还多耗费了18万英镑。之所以多花费这么多钱,是由于建筑师忘了加固地基。我之所以提这件事就是想告诉你们,无论做什么,与其未来碰到更多麻烦,浪费更多金钱,然后才后悔,不如最开始的时候就谨慎小心,考虑周到。

海关部

我估摸着一封寄给我的信应该到达邮局了,于是我去了那里。我就顺便讲讲邮局的事。之后,我会把知道的都告诉你们。

16 邮局与公路的那些事

我见过很多邮局,但目前没有一个像伦敦邮局那样特别。第一眼看去,你会误以为那是一座宫殿,听了别人的介绍,你才会意识到它是邮局。建筑规模大得惊人,主楼有400英尺长。站在门廊边的端庄圆柱下,我觉得自己小得微不足道。

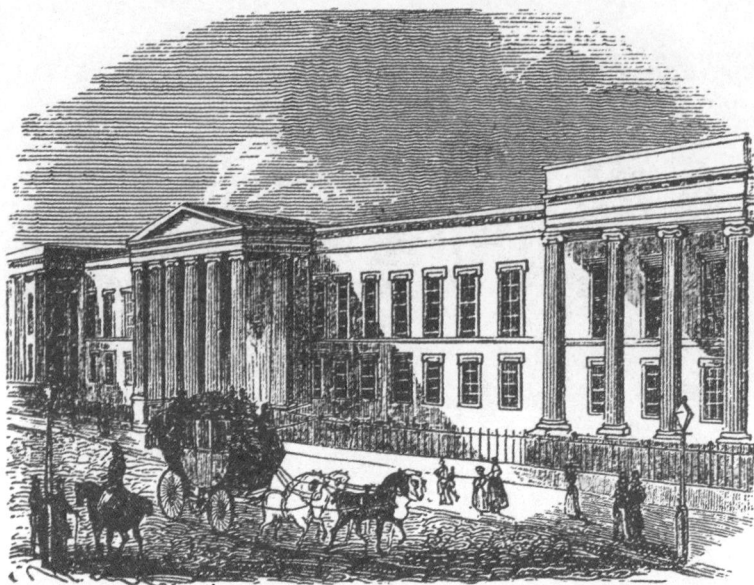

邮局

　　大楼有一面墙有180扇窗户,仅一面墙就有180扇窗户,简直令人难以相信!

　　整个大厅就够我讲一个小时的了,它是一条常见的通道,那里的柱子、花岗岩基座、接待室和各种办公室都值得关注。办公室里的桌子都安装了抽屉、邮箱,还可以用来整理邮件和盖邮戳。另外,有一间国际办公室,里面主要放国外的邮件,还有一间伦敦地区邮局。站在大厅时,我发现每一分钟都有20到40个人跑上石阶投信,不时会有外国人以不流利的英语打听自己该在什么地方投信。

　　如果发生大火就糟糕了,信件烧了的话会造成很多麻烦,而且邮局里的纸币也会被烧毁。因此,需要搭建拱顶让建筑的基层防火,整座大楼也得使用煤气照明。

美国波士顿的邮局里虽然有很多信件,但是绝对没有伦敦邮局里的多。我特地打听了一下,发现伦敦邮局每年有2300万信件往来,而且还没加上国际办公室、船信办公室和伦敦地区办公室的信。难怪邮局那么大,还雇用了许多员工。那里每天肯定有7.5万封信件。由于罗兰·希尔[1]先生提出的新制度——邮费只需1便士[2],现在这里每年往来的信件量已达4亿左右。为了方便公众,邮局最近还施行了一项邮政汇票制度。邮政汇票能被安全送达英国任何地方,不过票据得在5磅以下。你可以在离家最近的邮局付款,之后可以拿到一张邮政汇票[3],它会通过邮政送达收件人手里,收件人收到后可在附近的汇票办公室提款。之前,钱币放在信封里,不是被偷了,就是从信封里甩出去不见了。最后,大量通过邮局寄的钱都丢失了,因此,才实行这项计划。

引起邮局重大变化的规章制度就是:只需1便士,信件就可以送到英国的任何地方,前提是其重量不超过半盎司。邮费便宜了,公众更愿意寄信了,于是邮局要处理的信件比之前的还要多,数量逐年递增。

需要注意的是,晚上六点的钟声敲响后,邮局的投信孔就会关闭,之后再想要寄信的话得多付1便士。六点前一段时间,我恰好在大厅里,也就见证了壮观的一幕。许多人想在投信孔关闭前跑去把信寄了,结果,大厅里挤满

[1]英国人,世界上第一枚邮票(黑便士)的发明人、设计者。

[2]英国货币辅币单位,类似于中国的"分"。1970年以前,1英镑=240便士,1971年起,1英镑等于100便士。

[3]公家支票的一种。很多银行跟公家或私人机构都有发行。是一个实物,一张支票,需要用信件发给收款人。收款人可以将其直接存入银行账号,跟任何其他支票一样,也可以到发行银行或机构直接提取现金。

了来往的人群,感觉像是要暴动一般。你们可以想象出那个场面有多混乱,除了信件,2万份报纸在不到一刻钟的时间里也被放进了窗口。六点的钟声敲响后,所有投信孔一瞬间都被关上了。由于一个装报纸的牛皮袋卡住了,有一个窗口没有关上。里面的工作人员用力把袋子往里拉,外面的人则使劲推。仅仅这点时间内,那些想寄报纸的人还不停地把报纸往窗口里扔。有时一下子会有20多份报纸被扔出去,有的投进了窗口,有的却碰到玻璃被弹在外面,还有些落入人群中,人们互相推搡着、碰撞着。不时还能听到那些投递成功的人发出的大笑声。

这所邮局约在1581年首次建成,议会在1656年接手管理后使之更为规范。1681年,一位叫默里的家具商在伦敦和郊外建立了便士邮局,不过那是为罗兰·希尔先生服务的。罗兰·希尔先生是一位学识渊博的绅士,他想要依靠那所邮局向世界推广一个统一国内邮资的计划,也就是每寄半盎司的东西,只需要花1便士。这项计划于1840年1月10日开始实行。这对那些孩子离家在外和有其他亲朋好友在别的地方的人来说是个好事,毕竟没有什么比收到来自父母和兄弟姐妹的家书还令人开心的事了,也没有什么比用一枚便宜的邮票就可以相互传递感情更让人高兴了。

离开邮局的时候,我在街上一块石头上踩滑了一下,差点就摔倒了,幸好,当时一位身手敏捷的水手恰好路过，及时伸手抓住了我，把我扶住了。这让我想起我以前在冰上摔的一跤，导致我很长一段时间卧床不起，行动时得依靠拐杖。好在我已经熬过那段日子了，现在我可以正常走路了。

英格兰的道路大多都很不错，尤其是伦敦的道路。路的表面铺了一层坚固碎石——仅为了把石头打碎就雇了上千人。在很多地方，你都可以看到堆着许多碎石，留以待用。刚铺上碎石时，道路会显得有点粗糙，不过它们渐渐与路面融为一体，一个个碎石紧密贴在一起，道路也越来越平整、坚固和干燥。

城镇中心和市中心的街道是以另一种方式修建的，铺着用凿子凿出的一样大小的方形大石块。施工人员把石块整齐规则地铺在地上，仿佛在砌墙一般。之后，倒上和好的水泥，水泥流淌在石块间，将它们紧密连在一起。还有一种铺路方式是用捣锤把大石块捣进地里。捣锤是一大块上头细下头粗的重木头，上面还串着一只大铁环。捣锤的好几面都有把手，铺路工可以握着它将石头敲进地里。伦敦最近也使用了木质路面，主要是为了减少马车和其他车辆行驶时造成的噪音，不过似乎效果没预期那么好。木质路面很快就满是坑坑洼洼，在潮湿和霜冻的天气下尤其危险。人们也尝试过用铁板铺路，可是也没什么成效。

100年前，从苏格兰的格拉斯哥到伦敦，人们来往主要依靠骑马,只有距伦敦约100英里的格兰瑟姆[1]才有高速公路。他们会走过狭窄的堤道[2],堤道两边则是不平整的泥路。那时候人们用马将货物从一个地方运到另一个地方,若旅人遇见一长串载货的马,30到40匹为一队,他们就得先离开堤道为其让路,然后再返回来,尽管有时这样会比较辛苦。带头的马身上系了铃铛,目的是提醒迎面的旅人。

路修好了,不管是骑马还是坐马车都有很多好处。我曾骑过马、骡子、骆驼和大象,到了新的国家,也会入乡随俗,因此我还乘过雪橇,坐过轿子或其他交通工具。不过在这些里面,火车毫无疑问是最不错的。火车的一等车厢很舒适,就像在家中炉边椅子上坐着一样,在马车上很少有这种感觉,除非极个别情况。不过有时火车速度太快,一小时行驶60英里,速度很少低于每小时20英里,这时也就不会感觉舒适了。

英格兰的船舶运输业很出名,沿着塔丘[3]走时,我想着"这里一定有出名的码头,我现在就去看看",于是我立刻动身了,很快就到达了伦敦码头,我很满意在那看到的一切,我待会儿就讲讲我在那里的所见所闻。

[1]英格兰中部的一个小镇,科学家牛顿就是出生于这里。

[2]一条小路,较狭窄,大多跨过一段水域或者一片湿地。

[3]位于英国伦敦,原本是一座小山丘,因为靠近泰晤士河北岸伦敦塔桥得名。现在是伦敦的一个地名,附近有著名的伦敦塔。

17 帕利谈码头、桥和市场

我先简短地介绍下码头。伦敦码头建立于1805年，位于沃平，几乎所有外来的人都会经过这里。

这里的仓库尺寸非常大，装烟草的仓库长度就超过1000英尺，占地4英亩。地下的地窖里储藏了很多酒，如果你不去那的话，可能永远看不到那么多酒。

西印度码头位于道格斯岛，占地54英亩。东印度码头位于布莱克沃尔，占了那里一半的土地，不过仓库不是特别大。东印度船舰到岸时，总是能看见数百号四轮运货马车，都处于整装待发的状态。大量咖啡、肉豆蔻[1]、豆蔻香料、羊毛、槐蓝属植物[2]、樟木和象牙在这里卸货，还有好几百万吨的茶叶，数不胜数。东印度公司的执照被取缔后，这些码头合并在一起，为东西印度码头公司所有。

圣凯瑟琳码头靠近伦敦塔西边的仓库很出名，占地24英亩，四周是高墙，停泊着超过120艘的船只。

码头上的贸易往来一直很多，还专门开设了一个码头，让蒸汽船停靠。

[1]通常用于给甜食调味，热带著名的香料和药用植物。

[2]这种植物所带的颜色是靛蓝色，能制造靛蓝染料，用以上植物制作出的靛蓝为天然靛蓝。

圣凯瑟琳码头

维多利亚伦敦码头，有一些是新建造的，目的是迎合伦敦港口快速发展的贸易事业。它们位于泰晤士河北岸一块开放的土地，从弓河延伸到普拉斯托湿地。码头跨过了西边一个湿船坞以及一个潮水船坞，还有东边的一条运河、一些流域和闸门。西码头和潮水船坞共有90英亩的水域面积和超过1英里长的驳岸和码头设施，其中包括16万英尺长的防火仓库，可以进行不同类型货物的贸易。

再来谈谈泰晤士河上的大桥。在伦敦桥[1]所在地原来有一座木桥，是一所大学的教士们建的。后来一场大火将它烧毁了。两岸相距太远，却只有一辆渡轮往来，为了方便交流，人们不得不再重建一座桥。

[1]英国伦敦泰晤士河下游一座几经重建的大桥，地处伦敦塔附近，在历史上被称为伦敦的正门。

后来,河上又搭了一座石桥。政府为了集资建桥,增加了羊毛税,因此人们说这是建在羊毛上的桥。

这座桥上有房子和商店,可惜这座桥最后也被烧毁了。后面搭建的几座桥也没逃过被火烧的命运。

伦敦1666年那场大火,烧毁了当时建在桥上的屋子。不过,后来人们又重建了屋子。约翰·班扬[1]——《天路历程》的作者——就住在其中一间房子里,小汉斯·霍尔拜因[2]——名画《死神之舞》的作者——也住在其中一间房子里。一段时间后,旧伦敦大桥也被拆掉了。

新桥设计高贵,有5个桥拱。中间的桥拱跨度达150英尺,桥拱都是半椭圆形,在跨度上超过了当时欧洲任何其他的石桥。

[1]英国著名作家、布道家。他的作品《天路历程》被誉为"英国文学中最著名的寓言"。

[2]德国画家,最擅长油画和版画,属于欧洲北方文艺复兴时代的艺术家,他最著名的作品是系列木版画《死神之舞》。霍尔拜因,是个家族姓氏,其父老汉斯·霍尔拜因也是一名德国画家。

新伦敦桥

桥的东部是用紫色大理石建的,桥的西部是由浅灰色大理石筑造的,还有一些桥拱是用运自彼得黑德[1]的红褐色花岗石修的。这座桥对伦敦市到伦敦市自治区[2]之间的交通至关重要。

黑衣修士大桥于1760年动工,因为桥址处原本有一座修道院,里面的修士身着黑衣,桥便由此得名。桥上有9个半椭圆形的圆拱。为了公共安全,这桥进行过多次修缮,也因此影响了美观。虽然如此,每天还是有上千人和各类马车经过。从这里看去,圣保罗大教堂显得无比壮美。

南华克桥造型优美。此桥建于1819年,耗资80万英镑。大桥全部用铁建造,石支墩上搭了3个桥拱,中间的

南华克桥

桥拱跨度为240英尺,可能比任何桥的桥拱都要长。它铸造于约克郡的罗瑟勒姆,称得上铁器时期的一个奇迹。温度变化正常的话,桥拱热胀冷缩的范围约为1英尺。

滑铁卢桥建于1817年,可以说是世界上最完美的桥之一,建筑材料大部分是花岗石。9个桥拱的跨度都长120英尺,桥面平整得像是用尺子压过一样。它得名于1815年滑铁卢战役[1]。泰晤士河流经巴特西区和富勒姆区,那里的河段上建有一座木桥。沃克斯豪尔桥于1816年投入使用,桥很秀气,用生铁建造。一座新桥——巴特西吊桥正处于建造阶段,桥连接皮姆利科和巴特西两地。

哈默史密斯[2]有一座吊桥,建于1827年,桥身优美。两条巨大的铁链悬于河上,牢牢拴在两边石座上,石座高耸而巨大。大铁链上固定了很多铁棒,它们支撑着桥上的铁块、木头以及马车和行人路过的桥面。桥就和人们期望的一样平整坚固,有专门的人行道和车道。

[1] 1815年6月18日,由法军对反法联军在比利时小镇滑铁卢进行的决战。结果反法联军获得了决定性胜利,结束了拿破仑帝国。

[2] 英国英格兰大伦敦哈默史密斯—富勒姆区的自治市,位于泰晤士河的北岸。

哈默史密斯吊桥

　　除了上面提到的桥,亨格福德集市还有一座吊桥,专供行人通过。桥基包含了两个巨大的砖砌支墩,高近80英尺。桥的跨度近680英尺,建桥耗资11.1万英镑。

亨格福德桥

　　伦敦有许多市场。一天清晨,我早早去了科芬园,那时候可以看到果蔬被运进园里的场景。不停地有运货车装满了各种蔬菜涌进来,后来,由于货物太多了,我甚至都怀疑有没有地方能放得下。

人们拎着篮子,把林林总总的水果带来卖。这里好像什么产品都有,所有果蔬都特别新鲜,就像刚摘下来一样。市场摆满了各种小摊,秩序井然。温室里绽放着缤纷的花朵。

如果想在伦敦买鱼的话,可以去比林斯盖特海鲜市场,也可以去亨格福德市场,那里有很多鱼出售。

比林斯盖特海鲜市场一年内能卖出很多鱼。人们没有把鲑鱼捆在温暖的稻草里,而是把他们放在了放满冰块的盒子里,因此,那里出售的鲑鱼十分新鲜。通过这种方法,从北部贝里克郡和渔夫那里批发的鱼也能保持新鲜,所以在伦敦十分畅销。

去比林斯盖特海鲜市场的路上,我看见两位卖鱼的妇女,她们在大声争吵。其中一位矮矮胖胖,另一位则高高瘦瘦。虽然她们外形差很多,可她们有一个共同点,那就是声音十分尖锐。她们站在那,身子向前倾,她们的鼻子甚至都快要碰到一起了。两人紧握拳头,怒斥对方,她们的声音如此大,以至于我感觉在伦敦塔都能听得到。

史密斯菲尔德市场很开阔,那里主要进行家畜交易。市场位于吉尔斯伯街附近。几个世纪以来,市场进行的羊、马、牛和饲草交易,十分出名。不过史密斯菲尔德市场已经迁走了,现在位于苏格兰路的哥本哈根区,那里的场地更利于进行贸易。比林斯盖特海鲜市场对面也有新的煤炭交易所，是阿尔伯特亲王在1849年建的。煤炭交易所造型优美，空间广阔。

马克街还有很多其他市场，其中玉米市场尤其有名。不过我不能再继续谈这个话题了，如果不跳过一些地方，我恐怕花一个月也不一定能把故事讲完。

一天，我正走在泰晤士河畔时，一位穿着红色大衣的老人从我身边经过，他一直看着我。我于是追上他，和他交谈起来。我从中了解到他来自切尔西[1]，领着养老金。我意识到切尔西疗养院很值得一看，我便出发去那了。我想和你们谈谈我的这段经历。

[1]伦敦西部的一个区，坐落在泰晤士河北岸，是伦敦较繁华区域之一。

18 帕利去切尔西和格林尼治疗养院

泰晤士河畔矗立着很多值得一看的建筑，其中就包含切尔西疗养院，相对于建筑本身，我想更多地谈谈它的作用，相信你们可能会感兴趣。

这个疗养院里有四五百名老兵，他们曾为国而战，其中很多人在战争中受了重伤，离开战场后，他们在这个舒适的家安度余生。这里住着26位将军、32位中士以及32位下士，剩下的则是普通士兵。

切尔西疗养院

这些老人穿着红中带蓝的衣服,在这生活得非常舒适。他们可以自由走动,拜访朋友。坐在一起聊天时,他们常常谈起往事,仿佛又重新回到了战场上。

如果你以为切尔西疗养院里住的全是老兵就大错特错了。这里还有上千名别的领养老金的人。

我走遍了医院并和20个人聊了会儿天,可惜我并没有碰到经历过邦克山战役[1]的士兵。

建筑的第一块基石是查理二世放下的。他很喜欢一名叫内尔·格温[2]的女子,据说他就是在她的建议下建造疗养院的。传说,有一天内尔·格温下马车的时候,一位

[1]美国独立战争期间波士顿攻城战的一场战役,爆发于1775年6月17日的波士顿查尔斯河。英军虽获胜却损失惨重,因此鼓舞了美国民兵,也导致战事进一步扩大。

[2]一位舞台女演员,查理最宠爱的爱人,为查理二世生了两个儿子,查理和她相爱生活了16年。

可怜的士兵上前乞求帮助,他将自己守卫国家时受伤的经过告诉了她,于是格温劝国王为老兵和伤兵建立一所医院。我不知道故事可信度是多少,不过无论是否属实,切尔西疗养院都是一个令人尊敬的存在。

既然谈到了士兵的待遇,我同时也得提一下水兵的待遇。我本身就是一位老水兵,我永远忘不了我的同伴和水兵穿的蓝色夹克。

格林尼治[1]也有一座为海员建造的疗养院,十分宏伟,是世上最好的建筑之一。去格林尼治有四条路线。可以步行,坐公共汽车,乘火车或蒸汽船。我希望美国的海员们也能有这样的疗养院居住,即使没有格林尼治的那座宏伟也没关系。我去拜访了这所疗养院。其中一部分建筑原本是座宫殿,耗资巨大。海员们竟然住在国王的宫殿里,你们想象过这种情况吗?夏天天气晴朗的日子里,如果站在疗养院前方,肯定会感到震撼。前方有一条河流,上面塞满了商船、蒸汽船、单轨小帆船、平底载货船和游艇。疗养院就在这里,你可以看见它的石梯、宽阔的人行道、拱形游廊、两旁的建筑、柱子、各种装饰物、优雅的圆形屋顶以及后面美丽的公园。你们见过这样的场景吗?

1000名左右的老海员在房子四周和公园里散步,或者是坐在石凳上晒太阳。他们的衣服是蓝色的,上面有铜纽扣。其中一些人还戴着三角帽。有些海员已经瞎了,有些瘸了,有些失去了一只手臂,还有一些失去了一条腿。

[1]英国大伦敦的一个区,位于伦敦东南,泰晤士河南岸。1884年,在华盛顿召开的国际经度会议,决定以经过格林尼治的经线为本初子午线,作为世界计算时间和地理经度的起点。

大厅的屋顶上绘有漂亮的图案,墙上也挂了一些海战的图画和上将的肖像。疗养院的海员曾参加过残酷的战争,因此,一些人期望在其中遇见长相比较凶猛的老兵。事实上,他们大多都看上去很温顺,和羊羔一样。年纪容易磨去人心里那团激情的火焰。他们大多数人都和我一样,头发灰白,也是时候归于宁静了。

格林尼治疗养院

公园里举行了一个集会,成千上万的年轻男女从伦敦赶去那里,在草坪上跳舞,去爬山,做不同游戏,开心享受。但是我不太喜欢这个集会,因为这类集会容易引起一堆不良的事,比如说参与者可能会花太多钱,酗酒,晚归。

我要和你们讲与格林尼治集市有关的一个故事。在那之前,我想先讲讲公园里的"弗莱姆斯蒂德[1]屋"天文

[1]通译为"约翰·弗拉姆斯蒂德",英国首任皇家天文学家,是格林尼治天文台的创始人,是现代精密天文观测的开拓者。

格林尼治集会

[1] 又名教友派、公谊会,兴起于17世纪中期的英国及其美洲殖民地,创立者为乔治·福克斯。贵格会的特点是没有成文的信经、教义,最初也没有专职的牧师,无圣礼与节日,而是直接依靠圣灵的启示,指导信徒的宗教活动与社会生活。

台。子午线经过此地,经度就是从那算起的。一些领养老金的人在公园的高山上安装了望远镜,他们将望远镜借给别人使用,顺便从中赚取一点小钱。好了,现在我们就聊聊关于集会的一个故事吧。我是从故事的主人公那里听来的,他本是一个贫穷的男孩,无依无靠,但凭借着勤奋和正直,他最后变成了一个富人,地位也变高了。

"年轻的时候,"他说,"我在一个地方工作了五年,只向主人请过一次假,我一辈子都不会忘了那天。我的主人是一位贵格会[1]教徒,请假的时候,他告诉我:'托马斯,我不反对你休假,不过我想要听听你打算怎样度过这段时间。'——'哦,先生,我听说过很多有关格林尼治集会的

事,但自己从没去过,我打算去看看.'

"'哦,托马斯。我觉得我有义务建议你别去。光是路费,说不定就会花掉你半天的工资。之后,至少两天的工资就没了,你还可能会结交到一些狐朋狗友。我说不清狐朋狗友到底会带来多恶劣的影响,不过他们的确将许多年轻人带入歧途。他们不知节制,你仔细考虑下那些因毫无节制而造成的蠢事和事故,有的人没了健康,有的人突然丧命,之后,你就会想明白并且不打算去了。'——'哦,先生,我是步行过去,再步行回来,不用花路费。我会在方巾里包一点面包和芝士,这样也不用花吃饭的钱。至于狐朋狗友,我想我不会受他们的影响。'

"'不怪你这样想,托马斯,你还不了解格林尼治集会到底是什么样的地方。如果你下定决心要去,那么我们就在一点钟吃饭,这样,你两点就可以出发。不过我还是要提醒你别去'——'哎,先生,我已经打定主意要去了,而且我觉得我这一生很难一次都不去。'——'好吧,托马斯,你就两点出发吧。'

"我的主人在一点整的时候让人上餐,两点的钟声一敲响,他就说我自由了。我很快准备好一切启程了,为了防止花钱,我携带了一小袋干粮。在集会举行的日子里,所有通往格林尼治的路都热闹得和菜市场一样,我看见一大堆人从旧伦敦桥上经过。那时在旧伦敦桥下还有一些水利装置,我在桥边俯身看了一眼。可是我的心思却不在那里,我满脑子几乎都是主人对我说的那些话。

"那几句话一直盘旋在我的脑海,赶都赶不走。我有半天的自由时间,身上带着食物,口袋里放着钱币,天气宜人,我周围是成群赶去集会凑热闹的人,但是我却失去了继续走下去的动力。主人的话占据着我的脑海,我觉得我最好听从这些话的指引,我应该回去工作而不是前往集会。

"经历一番挣扎后,我才终于不再纠结。当时我看着两条不同方向的路,内心的天平处于完全端平状态,哪怕一个羽毛的重量都会使其倾斜。我想想格林尼治,觉得不可能放弃集会;但我想到主人的话的时候,我又无法继续前行。最后谨慎占了上风,我选择了回去工作。——'哦,托马斯!是你吗?'看到我的时候,我的主人惊讶地问道,'我以为你已经在格林尼治开心地玩了,你怎么又回来了?'我告诉他当我站在伦敦桥上看水利装置时,我认真思考了他的建议,最后决定回去工作。他评价我说:'你真是个谨慎的小伙子。'我出发去格林尼治后,内心一直很挣扎,不过我回去工作时内心终于舒坦多了。

"那一周我们没再谈起这件事,可是到了周六晚上,我的主人付给我全部的工资,然后还在我面前多放了1基尼。'这个,托马斯,'他说,'收下它,你表现得很谨慎,听取了主人的建议没有去格林尼治,我相信你一定不会后悔这个决定的。'

"我想这就是我人生的转折点吧。如果我去了格林尼治集市，事情很可能就像我主人说的那样。即使没发生别的什么事，我也可能会养成一些坏习惯，那些坏习惯会一直跟着我。然而，通过听取良好的建议，我不仅得到了1基尼，得到了老板的欣赏，还养成了要正确行为的意识。"

故事讲到这里就结束了。如果这个故事能传到全世界，将会很好地激励主人和侍从。激励主人提良好而诚恳的建议，慷慨奖励下属优秀的行为。同时也激励侍从认真努力地工作，明智地采取善意的忠告。

当然我也去伍尔维奇欣赏了那里的壮丽景色。那里有造船坞、军械库、圆形建筑和要塞。大多军事器材就生产于此地，比如加农炮弹、钉鞋、炮弹等等。这里有英格兰最古老的军械库。早在亨利八世时期，皇家造船坞就制造了战舰，现在船坞主要为海军制造蒸汽船，不再制造大型战舰了。伍尔维奇东边有皇家军械库，里面有大量大炮相关的杂志；所有陆军和海军必备的装备；一间铸造厂，里面有三个铸造军械的炉子；还有一间化学实验室，里面制造的烟火和子弹是用于公共服务的。

我之后乘蒸汽船去了里奇蒙德，旅途很愉快。我从里奇蒙德山上眺望到了英格兰最美的景色之一。这个地方风景秀丽，自古被称作"希恩[1]"。亲爱的年轻朋友们，言语根本无法描绘我在那里看到的美景，只有亲自经历才能体会。

[1] 源于单词"Sheen"，光辉、光泽、光彩的意思。指事物华丽，有光辉，有光泽。

里奇蒙德

在公园里闲逛后，我走下小山来到桥上，桥连接里奇蒙德和特威克纳姆，后者是英国著名诗人蒲柏[1]曾经居住的地方。

桥边站着一个船工，看起来很和蔼，他招呼我说："先生，去汉普顿吗？"想到以后也许没机会再去，我就决定乘船去看看。

有一座宫殿离汉普顿镇子不远，是个旅游胜地。四周树木环绕，有小镇那么大，占地8英亩。站在泰晤士河边可以看见宫殿西边的入口，那里掩映在老榆树后，衬着泰晤士河的粼粼波光，格外美丽。

越接近汉普顿桥，就越能看清这座古老的宫殿，宫殿搭配着都铎式[2]的烟囱，其余的建筑细节也十分别致。里面收藏的都是名家画作，比如说意大利著名画家拉斐尔[3]的作品。夏秋季节，每个月都有成千上万的游客来汉普顿庭参观。维多利亚女王深受民众爱戴，其中一个原因就是她将这座宫殿对公众开放，这也是她上台后的第一个举措。

参观监狱可不是什么令人兴奋的事，不过要是能从中领悟点什么，我还是愿意去的。下面我就和你们讲讲伦敦监狱的事。

19 关于监狱

希望你能从我下面讲的事情里得到些启示。伦敦人口很多，其中不乏一些坏人。进去监狱不难，不过再想出来可就没那么简单。现在监狱有了很大改变。以前无论男女老少，都关在一起。那时的监狱往往又挤又乱，动不动就爆发各种热病[1]和瘟疫。现在管理和卫生都得到了很大改善，男女也分开关押。一位叫约翰·霍华德的英国人经常来监狱走访，他也因此出名。除了英国，他还为很多国家都做了贡献。可惜，他在拜访一所国外监狱时，不幸染上了传染病，据说最后在俄罗斯去世了。一位叫弗赖伊的贵格会女教徒也为提高囚犯们的生活环境做了许多事。和霍华德一样，她也被当作解救人类的人。

[1]有两种含义，一指夏天的暑病，指一切因外感引起的热病。二指现在的艾滋病，因为患者发病时身体热得像火烧一样，也被一些人称为热病。在本文中主要指前者。

纽盖特监狱很坚固。监狱附近原来有一扇"宫廷大臣门",建造监狱时把原来的门推倒了,监狱因此得名"纽盖特",在英语中意思是"新门"。监狱所在地原来有一座古老的建筑,1218年起,那里被一直用作关押重犯,这个作用一直持续到后来伦敦塔承担了关押重犯的责任为止。1422年,伦敦市长理查德·惠廷顿[1]组织重建了大门。据说在建造监狱之前,也就是门还没彻底被推倒的时候,人们给市长和他的猫刻了一个雕像,一直保存在一个壁龛里。监狱在1666年那场大火中被烧毁,之后得以重建。

有一次,监狱爆发了流行性斑疹伤寒[2],死尸都用马车拖走了。于是,政府耗费5.5万英镑重建了一所新监狱,纽盖特监狱就成了现在这样。墙壁高了55英尺,地面也干燥了,还有一所能容纳三四百人的小教堂。

还有一点让我印象深刻。那就是只要因犯守规矩,就不会给他们戴枷锁。年轻朋友们,你们是不是觉得坐牢很可悲,会失去自由?的确如此。那怎样才能避免坐牢呢?答案是:遵守法律。违背法律的人终将受到法律的惩罚。

还有另一所王座分庭监狱,和纽盖特监狱截然不同,那里的人都是因为赌博被抓进来的。我本以为里面肯定阴森森的,很压抑,结果恰恰相反。有一处人在喝着酒,抽着烟,另一处还有人在玩不同游戏,大声欢笑,互相调侃,好像心情都很轻松。在大院子里,还有人在打壁球,他们拿着的拍子有点像羽毛球拍,将球击到高墙上,每个

[1]英国中世纪商人和政治家,曾多次出任英国伦敦市长,据说因为养的猫而脱离了贫困,然而,并没有令人信服的证据说他养了一只猫。
[2]一种急性传染病,鼠类是主要的传染源,通过体虱传播,又称虱传斑疹伤寒。其临床特点为急性起病、发热、皮疹等。

人都很熟练。我觉得这些人，至少我看到的那些，都过得很快乐，仿佛和监狱外面的人没什么区别。不过我思考一番后还是改变了想法。只有为人正直、勤劳工作才能真正幸福，不过，王座分庭监狱里的人可能不这样认为。我认识一个家境不错的人，得知他也被关在这里后，我找人询问了一番。院子里一个人大喊了几声他的名字，声音非常大，墙都快震动了。最后，我想见的人过来了，我跟着他去了他的小屋子，里面挂满了他曾经养的最爱的那些狗和马的图画。"过来，"他说，"你先帮我付了这杯红酒的钱，等我出去了，我再请你。"他看起来也很轻松，不过离开的时候，我还是认为这里没什么好的。

还有很多其他的监狱，一些囚犯要做单调的苦力。一个大轮盘上有一条宽杆，推动它就可以转动轮盘，囚犯推得很吃力，他们紧紧贴着杆子，仿佛要爬上去一样。他们也会捡麻絮，只要监狱里有活要做，他们都得出力。妇女和小女孩也有任务，她们得为大家洗衣物，做衣服，缝补衣袜。还是本本分分做人为妙。牢里饭菜粗糙，工作辛苦，枷锁缚身，样样不如人意。除此之外，还有更糟糕的。你可能不太理解，我来解释一下。最近，一些监狱不准囚犯们交流。无论白天黑夜，他们连一句话都不能交谈。情况是这样的，其中一些囚犯能领到更多食物，不用做苦工，他们只需坐着，或到处走走，以监督剩下的人。监狱的看守也会监督囚犯。任何人，只要说了一句话，很快就会被单独关起来。如果在这个地方,我肯定待不下去,我的生活绝对不能缺少交流。之前,监狱里有很多诅咒和咒骂的声音,很多囚犯出狱后变本加厉,在狱友的影响下反而更恶毒了。实施这项安静计划后,现在情况改善了许多,不过一些小偷和扒手反而更害怕进监狱了。好了,关于伦敦监狱就说这么多吧。

去了这么多地方,到处走走逛逛,实在是把我累坏了。不过休息一晚的话,一般我就能恢复了。下面,我们来谈谈伦敦的教育机构。

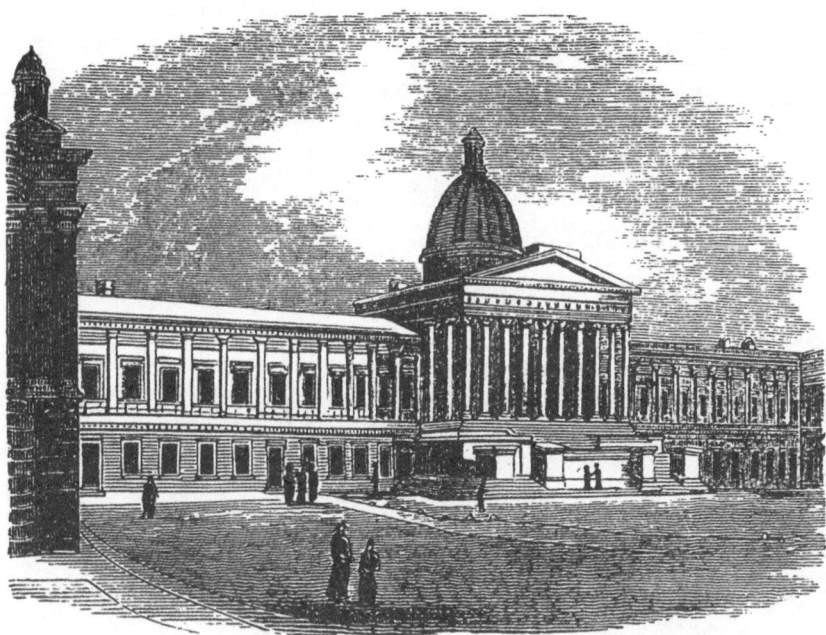

大学学院

大学学院建于1827年,以满足日益增长的教育需求。

国王学院建在萨默塞特宫[1]旁边,建造目的和大学学院一样。两所学院是竞争对手,并且它们和包括剑桥和牛津在内的所有传统大学都是竞争对手。伦敦大学完全体现了公平竞争,和古老的英格兰大学一样,它的学生按规定录取后,经过适当的学术培养,最后毕业成为文学学士或文学硕士。

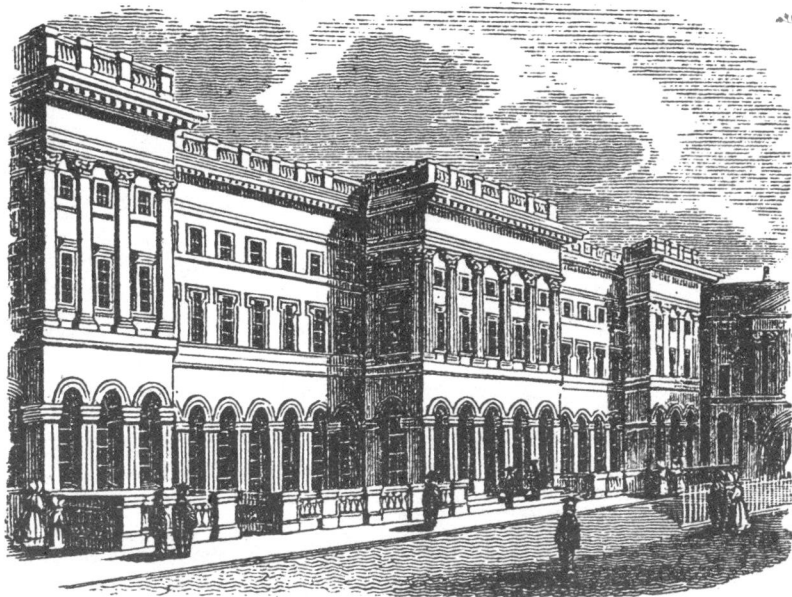

国王学院

千万不要把这所伦敦大学和高尔街那所混淆了。高尔街原来也有所伦敦大学,不过在现在这所伦敦大学建立时,高尔街的那所就被迫改名了。伦敦大学的公寓原本在萨默塞特宫,迁到伯灵顿宫[2]已经有一段时间了。它在伦

109

敦有几所附属学院，除此以外，它在英国其他地方还有附属学院。其学生都是通过入学考试被录取，通过相应考试后才能拿到学位，所交考试费用都用于支付考官薪水。毕业时，与那些老牌大学的学生相比，他们所享的荣誉没什么不同。1837年和1850年威廉四世和维多利亚女王分别颁发了皇家宪章[1]，伦敦大学是依照宪章相关条例建立的。

伦敦还有一些著名的学校。其中一些捐赠的或慈善性质的学校都很不错。圣保罗学校建于1509年，给153个男孩提供了免费教育；威斯敏斯特学校是伊丽莎白女王重建的；基督公学[2]，又名"蓝外套学校"，由爱德华六世建立，有大约1400名学生；宪章学校，建于1611年，学生是40名男孩和80名老人；商人泰勒学校[3]，成立于1547年，这是一所男校，家长只需支付适当费用。1834年，市政当局依照一个国会法案创办了伦敦城市学校，资金来源于1442年市政厅书记官约翰·卡朋特的一笔捐助，因此，学校设立了八个奖学金来纪念他。除此以外，学校还设立了其他一些奖学金。托马斯·泰格先生是齐普赛街的书商，他现在已经不在人世了，但他设立的奖学金还在，而且背后有一个有趣的故事。他是一位绅士，曾被选作治安官[4]，为了推辞这份工作，他付了400英镑，市政当局将这笔钱拨给了伦敦城市学校。1844年，泰格先生又捐了100英镑对当局的处理表示支持。后来，两笔钱被用来设立奖学金，取名为"泰格奖学金"。泰格先生后来还捐了一大堆珍贵的

[1] 英国皇室签发的正式文书，以保证某一个体、组织或公共机构在国家中拥有特定地位和权益，并规定其义务和责任，与相关法律条款一道保障有关机构的独立性和公正性。

[2] 英国一所著名传统的公学，由英皇爱德华六世创办于1552年。基督公学的蓝袍校服是世界上最早出现的校服，直到今天学生仍每天穿着。

[3] 一所私立学校，主要招收男生，原址位于伦敦，后迁至英国东南部赫特福德郡。由商人泰勒的公司投资修建。

[4] 英国、美国的郡县治安官，有时也译作"警长"。有执法权，这个岗位仅仅是县一级的雇员，在受雇的县内行使警察职务。

书籍,献给了学校的图书馆。

伦敦城市学校坐落在齐普赛街牛奶路上,除此以外,还有很多附属于大学和国王学院的全日制学校[1],在那里,青年人接受教育,打好基础,以进入所属大学或古老的英格兰大学。

[1]与寄宿学校相对,不提供宿舍。

在伦敦我还看见很多奇妙的地方,我会挑一些和你们说的。

20 克罗斯比大厅

我很喜欢旧建筑。它们让我想起以前,那时,世界和现在还有些不一样。

我去参观了克罗斯比大厅[2],在伦敦遗留下来的旧时住宅大厦里,这所大厅可能是最好的。

它位于主教门街东边的克罗斯比广场,北边是圣海伦大主教门街。

[2]中世纪大厦,由约翰·克罗斯比爵士建立,约翰·克罗斯比爵士死后,被格洛斯特公爵购买。

伦敦大火席卷了大多的住宅大厦,在变化和进步的路上,伦敦几乎拆掉了所有遗迹,不过在这些变化中,克罗斯比大厅依然留存了下来。

宏伟的宴会厅长五六十英尺,宽近30英尺,整座建筑高约40英尺。

宴会厅的屋顶精致美丽，不知木材是来自橡树还是栗树。屋顶上垂下来的各种装饰非常令人震撼。

1466年初，约翰·克罗斯比爵士[1]就建立了这所大厅，租地由圣海伦修道院和女院长提供。格洛斯特公爵[2]和理查三世先后住在这里。此地也曾被用作几位外国大使的住宅。

大约17世纪，建筑大部分被烧毁了，之后它被长老会[3]用作会议室，再后来，被当作一间仓库。现在，这里成立了一个文学科学机构，举行过多场不同主题的演讲。1836年6月进行了重建，于1842年7月重新开放。

克罗斯比大厅不远处，主教门教堂下方一点有一所古老的房子，外观宏伟。我会尽可能地描述给你们听。

房子有三层，我看到的时候，它被当作酒馆使用。二楼的窗子呈圆形，有点向外凸出。下面装饰有木刻的葡萄藤和树叶。窗子被分成了34小格，最底层是盾形纹章，其余的是玻璃制品和雕刻品。

第三层和第二层很像，不过窗子没那么大。屋顶回落，装饰着扇形装饰品和向上的尖顶。房子正面墙上绘有红、绿、黄、棕四种颜色，混着浅浅的泥土色，整体缤纷艳丽，引人注目。

我驻足欣赏时，路过的好几个人也和我一样被吸引了。不过我并不知道这座老房子的建造时间。

在伦敦桥上，我曾听过许多关于圣救世主教堂的事，

[1] 羊毛商，建造了著名的克罗斯比大厅。

[2] 英格兰贵族，以率先支持英国的人文主义者而闻名。

[3] 产生于16世纪宗教改革时期，以加尔文的宗教思想为依据，亦称加尔文宗。

于是我打算去那看看。因为有别的事,我先去了一趟伦敦邮局,之后,我从邮局附近一条狭窄的小路走,绕到了帕特诺斯特街道。

对了!我在墙上看到一个男孩的石像,下面刻着这两行字:

"我曾绕着城市寻找,

发现还是这里最高。"

哇!我当时想,自己竟然站在了伦敦最高的地方。

圣救世主教堂

很快,我就到达了圣救世主教堂,那座建筑很宏伟。教堂曾经被叫作"河上圣玛丽"。伦敦桥还没建起来的时候,那里有艘渡船。船夫和他的妻子去世后,船就留给了他们唯一的女儿玛丽。凭着父母留给她的遗产——这艘渡船和摆渡赚来的钱,玛丽有了修建一座女修道院的能力。快去世时,她将所有的钱赠给修女们建造修道院和一座教堂,也就是上文提到的河上圣玛丽。

不过最吸引我的不是这座教堂,而是它东边的圣母堂[1]。

圣母堂主体据说是由吉福德主教在1106年建造的。一共有26根厚重的柱子支撑着屋顶,两边各有13根柱子。

柱子形状各异,有圆形、八边形等等。

西门上有一个非常大的窗户,不过并不漂亮。南边有一些人像雕刻,各个外貌粗野,背后是一对巨大的翅膀,手臂摆着不同造型。

四个支撑着塔楼的优美拱顶很吸引人,还有一个华丽的圣坛屏风。

在英国13世纪早期的尖顶风格建筑中,圣母堂一般都被认为是工艺最精致的。

有些人比我更了解建筑,他们认为,在哥特式建筑的代表中,圣母堂样式是最美的。教堂本身也有维修资金。从伦敦桥看教堂、塔楼、屋顶、教堂支柱、哥特式窗户、涂色玻璃,整体会给你带来震撼的视觉效果。

[1]基督宗教特别是天主教、东正教以圣母玛利亚命名的教堂建筑的统称,是教堂的一大类别。

21 英国政府

英国由君主和议会管理。君主是政府的首领,有几项特权,这些特权赋予君主很大的权力。皇位和统治权是世袭的。一个君主去世时,皇位就传给年长的儿子。如果没有儿子,则传给年长的女儿,如果儿女都没有,则传给最近的亲族。在位君主一旦去世,权力则立刻转交给法定的王位继承人,加冕礼一般是几个月后才进行。议会由上议院和下议院组成,两院开会的房间也叫上议院和下议院。

下议院由以下方式选举产生。英国的每个郡都选举成员到议会,可能是一名或多名。进行选举的时候,绅士们可以毛遂自荐。如果候选人和名额一样,则直接当选。如果候选人超出名额,票数最多者当选。选区的人可以投票,只有拥有规定数目以上的财富,才有权给自己支持的人投一票。一些选区只有一个议员名额,有一些则有四到五个名额。除了郡以外,一些大型城市也有一两名或以上的名额,选举方式和郡里的一样。不知道我讲明白没有,不过我还是接着说下去吧。

上议院由贵族或者有头衔的人组成。议员非选举产生,而是根据头衔来定,通常财产多的人就会有头衔。上议院议员和他们的家人统称为贵族。贵族也有不同的等级称号，由上到下依次是公爵、侯爵、伯爵、子爵、男爵。每一位贵族都有一个小冠冕，称号不同，冠冕也不同。他们也有华丽的长袍，不过他们并不常穿。他们平时穿的和大家一样，只有在加冕礼上或一些类似的重大场合，他们才戴上小冠冕，穿上长袍。

君主和上下两院共同组成了议会。一般来说，只有在每年特定的一段时间里，议会才会召开会议，不过君主有权召集议会或休会，也就是让其在规定时间内不得召开。君主也有权利解散议会，即使君主不解散议会，每七年也得重组议会。

两院议员都有提案权，也就是能提出新法律议案。提案需要经过三重认真的审议。之后议员会就提案是否通过进行投票表决。如果反对票占上风，提案被否决；如果赞成票多，提案则被送去另一个议院审核。假如在另一个议院也通过了，则交由君主签字。君主倘若拒绝签字，则提案无法成为法律，不过这种情况几乎不会发生。一旦君主签字，法案即刻成立，具有法律效力。法律会在全国执行，英格兰、苏格兰、威尔士和爱尔兰人民都要遵守。

22 辉煌的大英帝国

在19世纪初，全盛时期的大英帝国在世界各地几乎都有殖民地，英国女王管辖的不仅是英国2100万人口，还有亚非美三洲超过1.1亿的人口。几乎整个加拿大、美国北部都属于英国，包括纽芬兰一带和西印度群岛[1]。非洲部分地区、好望角和整个印度都是英国殖民地。太平洋、地中海和印度洋上许多岛屿也服从英国管理。英格兰掌管着澳大利亚大陆和塔斯马尼亚岛[2]，面积相当于半个欧洲。这样算下来，在领土面积上，除了俄罗斯，大英帝国是最大的；除了中国，其人口也是最多的，也远远超过了古代那些最强大的帝国。英国军队不是很多，可士兵各个勇猛，之前的战役中，在智谋过人的将军的带领下战无不胜。英国舰队数量多且强大。英国有先进的船舰和勇敢的水兵，这使它成为海洋上绝对的霸主。要知道，海洋几乎覆盖地球的三分之二。单看世界地图的话，英国只有一小点地方，让人绝对想不到它竟如此强大。

英国的贸易范围也和领土一样广阔。英国商船将棉花、羊毛织品和一些金属制品运往世界各地，并从各个国家满载回不同产品。比如说，希腊群岛的果脯，土耳其的

[1]北美洲的岛群，为大西洋及其属海加勒比海与墨西哥湾之间的一大片岛屿，"西印度"的名称，实际上是来自哥伦布的错误观念，他误认为该岛在印度附近，后因该群岛位于西半球，故称西印度群岛。

[2]澳大利亚联邦唯一的岛州，位于澳大利亚大陆东南面。

毛毯，中国的茶叶，东印度的珍珠、香料和昂贵披肩，非洲的黄金、象牙和鸵鸟羽毛，加利福尼亚和澳大利亚的黄金，南美洲的银器和宝石，西印度和北美的描画、糖、咖啡和烟草，还有来自东西方大陆各地的稻米。

23 伦敦的慈善、医疗及公会

讲到英国，就不得不提它著名的慈善机构。我会简单地和你们谈一谈。英国人很有善心，我觉得他们当之无愧，你们也可以在听完故事后自己判断。英国几乎为所有受苦难折磨的人都设了医院，不仅仅关爱精神病人、残疾人、病人、盲人、聋哑人，还为穷人、社会底层的人和其他一些生活艰辛的人提供便利。英国还有老人住的养老院、年轻人住的收容所、穷人住的避难所以及减轻几乎各种苦难的机构。我没有办法一一讲完，因为这样的机构有好几百个，而且还没有算上学校和属于不同宗教的访问公会，不过我还是会简单挑几个讲讲。

说起医院，以下几所不能不提：圣巴塞洛缪医院、圣托马斯医院、盖斯医院、圣乔治医院等。每个人都难免会生病受伤，设立医院就是为了帮助他们治疗。

伦敦大学和国王学院都和医院有合作项目，资金来源于社会捐助。对训练年轻的医疗实习人员来说，这些医院是绝佳场地，优秀的内外科医生会提供指导。还有一些慈善机构，比如说吉尔福德街的孤儿院，养育着被遗弃的孤儿，管理有序；伊斯灵顿的苏格兰收容所，里面养育的都是苏格兰士兵、水手、海军或苏格兰本地人的孩子；约克公爵学校，里面孩子的父亲都在正规军事部队。其实还有各种孤儿院，数量太多了，我在这就不一一赘述了。

在抢救溺水人员方面，英国溺水者营救会起着很大作用。它提供相关机器在落水区域寻找溺水者，竭尽全力救落水者，并且还会给予所有施救者奖励，感谢他们拯救了他人的性命。英国还有一个独特的公会，专门帮助遭遇火灾的人。

基督教会医院是一所著名的学校，不过学生校服真的很难看。男孩们穿着蓝色的长外衣、皮制的腰带、黄色的衬裙和袜子，一边头上戴着一个小三角帽。你肯定没见过那么丑的造型。不过考虑到学校提供的很多好处，大家对衣服也就十分忍耐。这所学校为社会培养了很多杰出和有用的人才。

基督教会医院

　　格林尼治和切尔西疗养院是主要的慈善机构,我之前已经提过了。

　　为帮助激励女仆们,这里还特别设立了伦敦公会。它是伦敦的主要机构之一。虽然伦敦市长是负责人,但公会并没有得到很多支持。如果一名仆人服侍主人达到一定年限,且表现优秀,公会会给他提供金钱和书籍,帮他们找住所、治病,当他们结婚时,公会还会送一份礼物。仆人们兢兢业业地工作,这样一个机构值得更多的支持。

　　还有一个公会,专注于清理伦敦街上的众多乞丐和骗子。一些人假装成船长、水手、士兵或其他类似职业到处讨钱,期望从心肠慷慨的路人手上骗取一点施舍。在街上发现过上千个这样的骗子,很多人受到了处罚。相关公会第一次行动时发现很多奇怪现象：一些乞讨的士兵原来看上去只有一只胳膊，可是把他们带到监狱后，你会发现他们的胳膊都好好的，一只也没缺；有些水手，长时间都是瘸着一只腿乞讨，但是当他们为了避免牢狱之灾而逃跑时就多出了一只腿；还有些带着孩子乞讨的母亲，说是孩子父亲离世，只留下贫苦的孤儿寡母相依为命，可是逃跑时她瞬间就成了单身女性，最后发现孩子原来是从别人那抱来以换取怜悯的。关于这点，就只说这么多吧。

还有一个防虐待动物公会，你绝对想不到一些铁石心肠的屠夫、牲畜贩子、司机和其他一些残忍的人对动物有多么狠心。他们应该对动物善良些，公会也常常这样教育他们。我一直告诉别人做人不能太无情，如果小时候养成习惯，长大后就很难改了，一个铁石心肠的人是不会受欢迎的。希望你们也能这样劝导别人。

伦敦还有反奴隶公会，我希望它能够给美国人民带来一点好的影响。看看英格兰是怎样赋予奴隶自由，同时也给予所有种植园的奴隶主们共2000万的补偿。再看看美国，这里仍然进行着罪恶的奴隶贸易[1]。太丢人了！真的太丢人了！这是我们美国的污点。我愿意赤脚走100英里远再折回来，只为规劝我的同胞们废除奴隶制度。

戒酒公会也是一个优秀的机构，它使很多贫穷的妇女能在饥肠辘辘时有饭可食。对男子来说，嗜酒既伤身又破财。现在戒酒公会劝他们不要沉溺于白兰地、朗姆酒和杜

[1]西方殖民主义国家为了向美洲殖民地种植园和矿山提供劳动力，从非洲掳走大批黑人，将其远程贩运到美洲等地的贸易，这就是血腥的非洲奴隶贸易。南北战争后，美国才废除奴隶制度。

松子酒，这样他们不仅能够保持健康，还能把钱花在别的关键地方。

有些酒鬼嘲笑这个公会，但是那些人最后都越喝越穷，而懂得节制的人则生活得更好，越来越富裕。

在当水手的时候，我就见识了嗜酒的害处。对嗜酒的人来说，每天不喝点酒的话，他们就无法工作，我经常看见男性水手们在甲板上晃荡，喝得醉醺醺的，其实他们本该值班。以前，我从没想过会有这样一天——除了医用碘酒和酒精，在上千只航行船只上竟然找不到一滴酒。可是，现在这已经成为事实。不管英国人怎么看待戒酒公会，我们都应该理智些，学习它的可取之处。我已经老了，经历了很多事情，现在我想提倡节制、美德和信仰。如果一个人没有了健康，人品恶劣，就算他再有钱又有什么用呢？如果一个世界不能朝更美好的地方发展，失去了希望，又会是什么样子的呢？

现在你已经了解了戒酒公会。嘿！听了这么多公会的事，你们一定疲倦了吧。那我再讲一点点就打住。我可不希望把别人讲睡着了。还有很多有关海员的公会，比如说：英国国内外海员协会，它致力于增加全世界海员的宗教信仰；水手之家，建造它是为了给靠岸的水手提供舒适的住所，防止他们被带坏或乱花钱；还有贫困海员收容所，给处于困境的海员提供避风港与帮助。英国人没有忘了海员，我很开心。

你以前听说过这么多公会吗？伦敦到处都是公会，完全足够我再讲一个小时，不过我这一次已经讲了太多，就先到此为止吧。

24 了解储蓄银行

虽然我喜欢平和宁静，不过总的来说，我的日子过得比较忙碌。其实只要不懒散，一个人安静平和地度日也挺好的。

在伦敦的时候，我忽然意识到，这是一个好机会，我可以去了解英格兰储蓄银行，恰好我一直对它很感兴趣。

想得到信息的话，最好直接去找最了解的人，不要浪费时间去问完全不懂的门外汉。

于是，我出发去了伦敦公积金公司，也就是储蓄银行，它位于穆尔菲尔兹的布洛姆菲尔德街。我想自己在那应该能了解很多相关的事。

柜台处有一个透明隔板，可以将管理人员和存钱顾客隔开，进门后，我透过隔板上的方孔问了6个问题。然后，一位绅士走出来，邀请我进去。

那位绅士原来是保险计算员，就是我本来想咨询的人。他说好像见过我，可能只是客套吧。我没告诉他我是彼得·帕利，因为这没有必要，他对我真的非常客气了，我觉得他对美国总统的态度也不过如此。

他耐心解答了我所有的问题，还和我聊了很多相关的事。他在我面前摆了一份资产负债表，清晰易懂，即使是小学生也能看懂。

我当时有别的事情，不能逗留太久，他让我有机会再来。我本想再拜访一次，却一直没找到合适的机会。现在，我们之间已经隔了三四千英里宽的大海，很难再去拜访了。

我来和你说说一些信息，是我从他那里听到的。英国其实有很多储蓄银行，我无法一一描述。我只能和你们聊聊穆尔菲尔兹那所银行，尽管它和别的银行关联不大，不过，也足够让你们对银行有一定了解。

这所银行主要接收来自不同人的小额储存，尤其是仆人。如果有需要，可以将这笔钱换成政府债券，可以在手头紧张的时候提取，也能等需要看病或年龄大了的时候再用。要注意的是，这所银行受政府保护，因此，把钱存在里面就和存在中央银行一样安全。

仆人和一些人很难把钱存在身边，如果他们将钱存在盒子里或放在主人身边，等他们碰到想买的东西，他们一定会禁不住诱惑而把钱拿去花了的。可是一旦钱存在储蓄银行里，就比较安全了。想取钱的话得提前一两个星期通知银行。比如说，假设一名女仆家门口来了一位兜售精美绸缎或者便宜镀金耳环的小贩,如果钱在银行的话,那么她就不会把钱花在上面。

就仆人、孩子或其他一些人来说,他们可能一次会存一小笔钱。金额达到一定数量的话,就会有利息。很多人将存的钱转成了养老金的形式,到了一定年纪,他们每年就能够得到一定的生活费。若年迈时能收到教区的资助,或者是得到朋友的援助,实在是再好不过了。

现在,你们对储蓄银行已经有了一点了解,不过,其实我只讲了一个方面。

下面,我们再聊聊银行的运作流程。其实,银行管理者并没有从银行存款中得利。

银行收到的存款都属于政府,政府能给储蓄者提供更高的利息,也为银行提供运作资金。

这所银行的管理者品德都很高尚。每当有人存钱或者支钱,他们都得在场。财务主管、出纳员和其他职工都很正直、忠诚,这有助于银行运作发展。

一些人认为,受托人得对别人和自己的行为负责,如果发生意外,他得承担责任,可是银行并未如此规定。其实,银行提供了安全保障,委托人一般不会有什么损失。如果我是生活无忧的有钱人,我很愿意当受托人或储蓄银行的主管。

我觉得,储蓄银行组织妥善的话,能发挥重要作用。

那些孝顺的男仆能够从银行一点一点取出钱来,照顾生病的父亲。母亲离世的话,依靠一点点积蓄,一些勤奋又负责的女仆也可以为她处理后事。这些事也反映了他们的品行。

很多年轻人没有把钱浪费在琐事上,而是把钱一点点存在银行,他们的存款最后足够他们做一些有益的大事。

如果酒鬼和挥霍无度的人能把钱存在银行,而不是大把大把地花费在杜松子酒、朗姆酒和白兰地上,不随意地挥霍金钱,对他们自己和家人来说都是件好事。

假设有这样两种人。一种欠了很多钱,一分钱都还不了,而另一种人虽然没什么贵重的物品,但是银行里有一笔在政府保护下的存款,前者每天忧心忡忡,后者却是无畏无惧。

我本想在伦敦多待一个月,再找找别的有趣的事物,由于我还要去很多别的地方,于是就此作罢。我决定先离开伦敦一段时间,去游览英格兰别的地方。朋友们,之后我会和你们谈谈我在英格兰南方的旅程。

25 多佛城堡与索尔斯堡平原

离开伦敦后,我朝西南方前进,我决定去看看康沃尔的矿山。我遇见一位和我同路的人,那人穿着蓬松的厚大衣,感觉他好像到过英格兰的所有地方。他告诉我他刚从伦敦来到多佛[1],下一站打算去索尔兹伯里。

　　他给坐在我旁边的一位年轻人讲述多佛城堡的事,我也顺便听了下。"多佛城堡,"他说,"值得一看再看。城堡非常大,立在一块高耸的岩石上,岩石在海的旁边,崎岖又陡峭。曾经城堡强大的防御工事被认为是世上最坚固的,共占地35英亩。要想站在峭壁上俯视远处的船只需要足够的勇气。上一次我去那的时候就没能做到,当时我突然感到一阵眩晕,感觉自己就像陀螺一样。你听完我的描述,就会知道那是什么感觉了。从岩石上看去,停泊在海港的船舰看起来就像小舟一样,而海员和岸上的渔民就和老鼠一样小。城堡里还有几件古物,其中有一件铜制大炮,被称为伊丽莎白女王的手枪。我不知道女王平时穿什么衣服,不过如果要放铜枪的话,想必衣服口袋一定比较大,因为枪长22英尺。"我和那个年轻人对此都很不解。

[1]英国东南部的一个闻名于世的海港城市,是大不列颠岛距欧洲大陆最近的地方,几百年来这条航线一直是英国通往欧洲大陆的海上通道。

多佛城堡

　　我必须得承认，多佛是一座非常古老的城市，罗马人称其为"英格兰全境的锁和钥匙"，这不无理由。它位于东南一线的铁路线上，因而变得愈为重要和繁华。它被政府建来作避难港，加上将要被改造成浮动船坞的东部港口，海港区域长约1英里。多佛是英格兰和法国之间最好的连接纽带。电报机能在两国间即时传递消息。海峡下面还有一个隧道，海上起风浪时，路人可以在那避难。

　　最后，我们路过了一大片贫瘠的土地，那里就是索尔兹伯里平原。放眼望去，根本看不到树木，只有绵延的山丘，山上覆盖着低矮的草，可以在上面牧羊。牧羊人来这里放羊，一放就是一整天。他们带着勇猛的猎狗一起保护羊群。

　　平原上没有村庄和高大房屋，只有牧羊人的小农舍，农舍用粗糙的石头砌成，搭着茅草屋顶。你肯定以为，房子里除了破败贫穷什么都没有，但是如果你推开门进去，你会发现里面住着天真快乐的孩子，小屋舒适又温馨。

　　牧羊人的生活有时很辛苦，天气有时很糟糕，为了保护羊群，他得顶风冒雨。不过，他的日子总体上很平和安宁，一般也能养家糊口。历年来，无论在哪个国家，牧羊人的生活都被认为是平静祥和的，在一个称职的牧羊人手下生活的羊群也是最令人羡慕的。于是，一首老歌里有这样两句话："牧羊人若是我的主人，我便再无他求。""我是称职的牧羊人，把一生奉献给羊群。"

在平原的一侧,有一座古老又奇特的纪念碑,叫作巨石阵。里面有许多巨大而笔直的石头,顶部还摆有一些其他石头。有的巨石长近30英尺,特别重。它们应该是从远方运来的,因为附近并没有一样材质的石头。将这么巨大的石头运过来,还要摆成现在这个模样,一定耗费了许多精力。其中大多数石头都不在原来的位置了,有一些甚至消失了,不过从留下的这些来看,原来应该是摆成几个圆形,一个圈在另一个里面。

巨石阵外面有两个沟将其与外面世界隔开,留了三个出口。关于它的起源和作用有很多不同说法,不过大多数人认为它原来是一座寺庙,德鲁伊教团员在这里举行宗教仪式。

巨石阵

德鲁伊教团员来自古英国的牧师,一般是内科医生或地方法官。他们穿着长外衣,脖子上戴着金制饰品,名为德鲁伊金蛋,还有金项链。此外,手上还戴着手镯,拿着一把权杖。他们头发很短,胡子却出奇的长。他们的首领叫作大德鲁伊,经推选产生,有着绝对权威,可以随意发布命令或处置成员。如果大德鲁伊去世,就会再选出一位,终身任职。人们很尊重德鲁伊教团员,并请他们帮助解决纷争。如果一个团员不听德鲁伊的指令,就会被逐出教会,这其实是主要的惩罚方式。其他惩罚还包括将其逐出所有公共集会,解除其所有职位。另外,别人还会与他保持距离,甚至不敢说话或给他任何食物,怕自己的圣洁被污染。在国家不同地方也能发现一些和巨石阵相似的遗迹。

穿过索尔兹伯里平原后,有一条大路通往几个风景迷人的城镇和村庄。最后我们来到了德文郡的埃克塞特[1]。我在那里停留了一天,逛了逛那里古老的大教堂,据说这座教堂的结构是英格兰最好的。离开那后我去了英格兰最西南边的康沃尔。

[1]英国的历史文化名城,位于德文郡,是英国西南部重要的商业、文化中心。

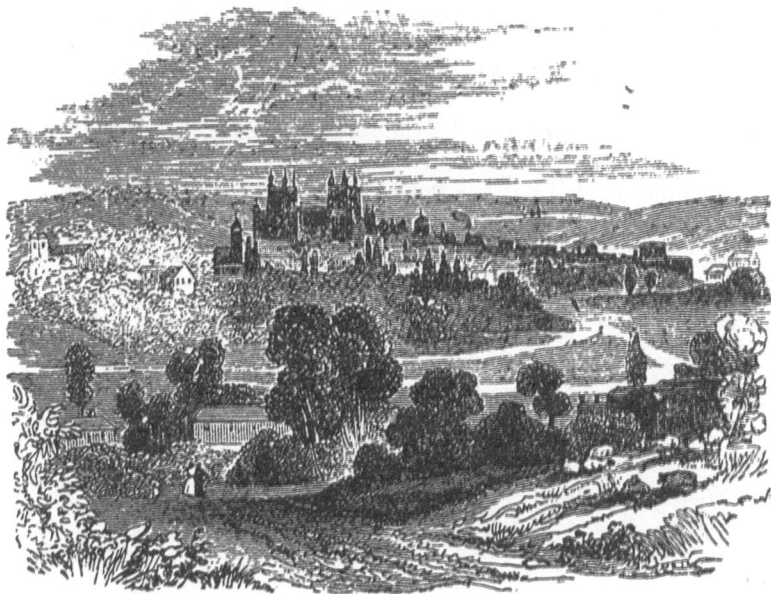

埃克塞特

康沃尔大部分土地贫瘠多岩石，主要的资源是铜矿和锡矿，铅、银和其他矿物质。西南极端有一块狭窄的带状区域伸到了海里，被称为兰兹角[1]，也被称为英国的"天涯海角"，整个海岸岩石错落，对船只来说很危险。有时风暴会将船只拍打到岩石上。与其说海岸居民给水手提供帮助，不如说他们更多的是通过打捞沉船和清理那些被海浪送至岸边的尸体来维持生计的，也被称为失事现场清理人，这真是令人难过。

在离岸不远的地方，有一座灯塔，我待会儿会给你们介绍的。

在兰兹角附近的一块地方，有一个奇特的摇石[2]，重

[1]兰兹角是以一个相当尖锐的角度插入大海的。它位于康沃尔半岛的顶端，是一处三面环海的地方。

[2]受到轻微触动即发生摇动的平衡状态的大石。

100吨，两端保持着完全平衡，轻微的力量就能推动它前后摇晃，可是无论多大的力气都没办法将它移开。英格兰有好几块这样的石头，一些是大自然创造的，一些是人工制造的，后者一般是德鲁伊教建立的纪念碑。

康沃尔主要的矿产是锡矿。挖矿时会先挖出竖井来，也就是一个像井一样的六七百英尺深的坑，之后再在井底水平方向沿着金属矿脉开挖。有时矿脉会忽然断开或消失，不过矿工知道只要在附近某处挖深一点，矿脉就又会接上。有时能发现多达20磅的矿物，也许是用火药炸开，也许是用镐挖出来的。经常会挖出一些泉水，水一下子涌出来，不过一般都是用排水沟引走或蒸汽泵抽走。当锡矿被挖出来，矿工就会像拉井水一样用辘轳[1]将它拉上去，有时是用大桶或大篮子拉，矿工就是站在桶或篮子里面下到矿洞里去的。

康沃尔有一处锡矿延伸至海底河床，矿工在那里可以清楚地听到头上波浪的撞击声，有时动静太大了，他们会吓得跑走，生怕海水冲破岩石灌进来。世界上任何地方的锡矿都没有英格兰多。在罗马征服英格兰之前，英格兰和其他国家一直进行着锡的交易。

康沃尔还有一些重要的铜矿区和铅矿区，其中有一些深1200英尺，在地底沿水平方向延伸好几英里。

[1]利用轮轴原理制成的起重装置，能卷绕绳索，一般用于井上提水。

博塔莱克铜矿入口

　　博塔莱克矿区非常大。里面放置了很多蒸汽机，一些用来采矿，一些用来将矿区的水抽出去。你们听说过探测杖吗？市面上流传的关于它的信息几乎都不属实。它其实是一种淡褐色的细长杆子，很多人认为如果把它放在特定的地点，念一些咒语，长杆便会弯向地表，指着地下埋有矿产的地方。假如我是矿工，我才不会相信靠这种玩意就可以挖到矿产。

26 灯塔的故事

埃迪斯通灯塔

　　我之前说过要谈谈埃迪斯通灯塔的事，不过你们可能还不清楚灯塔有什么作用，不用担心，我会一一说明的。它是一座很高的建筑，就像塔一样，不过顶部要比底部窄一些。一般都建在大岩石上，当潮汐淹没石块时，灯塔似乎就立在海面上。灯塔的最上面有一个灯，会发出强烈的光线，经过多面镜子折射后，在海上远远就能看到。灯塔的目的是提醒水手注意藏在海面下的危险石块。海里有很多岩石被水面覆盖了,如果没有灯塔,船只在漆黑的夜晚可能会被撞成碎片。这里有一个灯塔的图片,你们可以看到周围的浪拍打着它。

现在你们已经对灯塔有一点了解了,我们就来聊聊埃迪斯通灯塔。灯塔下的一些岩石非常危险,它们位于英吉利海峡,距普利茅斯湾[1]14英里。比斯开湾和大西洋涌来的巨浪不停地拍打着这些岩石。之前有很多坚固的船在深水区行驶得很快,结果都撞上埃迪斯通附近的岩石而沉没了。为防止悲剧重演,人们决定在这些岩石上建造灯塔。这的确是一个好主意。1696年,温斯坦利[2]开始建塔,辛辛苦苦耗时4年多才建成。温斯坦利认为他的灯塔能抵御住任何暴风雨,再大的风浪都不能撼动它。可是,1703年的一个夜晚,海上出现了可怕的飓风,他当时就住在塔里。第二天早上,这个可怜的人和灯塔都没了踪影。所有的东西都被飓风卷走了,残存下来的只有一些能将石头固定在那些岩石上的坚固铁块。

你们是不是也很为不幸的温斯坦利感到难过?是不是也很好奇,在没有埃迪斯通灯塔的时候,人们是怎么在海上航行的?1709年,伦敦的一位丝绸商人建造了一座木制灯塔。丝绸商竟然建造灯塔,这听起来似乎有点奇怪,你们是不是认为这座灯塔也很快会被浪拍倒?那你可就错了。这座灯塔矗立了46年之久,要不是因为后来的一场大火,它可能现在还留在原地。之后,人们又建了一

[1]世界最大和最壮观的天然港口之一,普利姆河流经普利茅斯西部,泰马河流经东部,两条河的河口形成普利茅斯湾。

[2]英国著名建筑师和工程师。有一次他在黑夜中驾船触礁,他认为有必要为保护自己和其他船舶建造一座灯塔,后来他建造了第一座灯塔——埃迪斯通灯塔。

座木灯塔,不过也同样被烧毁了。

这些事情足够让人不敢再建灯塔了,不过,英国人很有毅力。木灯塔被烧后,很快,著名的工程师斯米顿就建立了一座石制灯塔,形状有点像橡树树干,越往上顶部越尖。灯塔的下面有四层,每层有一个房间,最顶层是走廊,那里悬着一盏灯。这座塔高约80英尺,现在依然矗立在海上。

相比煤油灯和装蜡烛的灯而言,煤气灯更耐用明亮,只需把煤炭弄碎,再放在密封的容器或炉子里,就制作成功了。煤气在英格兰使用范围很广。我还记得,以前,伦敦依靠昏暗的灯照明,现在,它的公共场所、广场和街道晚上都借助煤气照明。煤气的作用真的太大了。

我在康沃尔遇到一位老朋友,很多年前,我们一起当过水手。我告诉他我游历了英格兰。"哦!"他说,"你一定得看看纽卡斯尔[1]的煤矿,不然你会后悔的。我打算乘自己的船去希尔兹,我带你一程吧。路过英吉利海峡的时候,我们也能一起回忆下以前航海的日子。"

我高兴地接收了他的邀请,之后,我们在托贝乘船出发,一路沿英吉利海峡行驶。我们途经好几个著名的地点。路过其中一个地方时,他指着一处对我说:"普利茅斯防波堤[2]在船尾,我没法指给你看,不过你可以看看前面的景色。"防波堤是一座宏伟的工程,在抵挡汹涌巨浪方面起主要作用。

[1]英国英格兰东北部城市,位于泰恩河下游北岸,16世纪以后为英国主要的煤港。

[2]水中建筑物,目的是阻断波浪的冲击力、围护港池、维持水面平稳,保护港口免受坏天气影响,以便船舶安全停泊和行驶。

路过英国南部的怀特岛、朴茨茅斯、布莱顿[1]和比奇角[2]的时候，我的朋友——向我介绍，讲得绘声绘色。路过英国东南部的多佛和南福尔兰角时，风有点大，好在我们没有被吹离航线。相继经过英国东部的哈里奇、大雅茅斯、弗兰伯勒角、斯卡伯勒、惠特比和桑德兰后，我们终于抵达了北希尔兹[3]。我和我的朋友也就此分别。

[1]英格兰南部海滨城市，以其密布鹅卵石的海滩而著名。

[2]南唐斯丘陵的延伸部分，是英国最高的海岸悬崖，扼守海上交通要道英吉利海峡，战略位置重要。

[3]英格兰东北部小镇，位于泰恩河北岸。

27 纽卡斯尔的煤矿

英格兰对煤炭的需求量非常大。一些国家主要的燃料是木材，那里的煤炭使用量远不及英格兰。在英格兰，除了用于房屋取暖外，煤炭还大量用于熔铁和制造玻璃等，供应不足的话，就会马上用尽。所幸的是，英格兰似乎是世界上煤炭储量最多的，在很多地方似乎都有挖不尽的煤矿，成千上万的人被雇去挖煤。纽卡斯尔是英格兰北部一座大城市，那里的煤矿是最出名的。其附近有20处左右可采掘的煤矿，一些甚至深达六七百英尺，矿区储存了大量的煤。有一些煤矿是通过竖井开掘的，我之前讲锡矿时提过这种方法；还有一些煤矿的矿脉是倾斜着的，主要依靠人力或马力拉的小车来挖掘。为了加深了解，我戴上矿工的帽子，穿上法兰绒夹克，去了几个矿洞的下面。

矿工用铲子挖出煤炭,堆成一座座小山,支撑着矿洞顶部。矿洞里一派忙碌的景象。两边长排的煤炭组成了黑色支柱,中间空出了一条路,有些地方很宽,甚至可以让手推车通过。矿工们辛勤工作着,借着烛光,不停铲煤。小车轰隆隆经过,将煤炭运送出去。矿洞里仿佛一座地下城镇。

在坎伯兰郡的怀特黑文附近,有一处煤矿,据说地下矿脉长20多英里,通向各个方向,有的延伸在城镇地下,有的则延伸至海下。由于担心海下的矿脉会忽然断裂,附近的一些房屋还被迁走了。

矿工会碰到很多难以克服的问题。他们本来好好地工作着,有时,不小心轻轻一铲就挖出了水流,他们也只能放下工作,抓紧时间逃命。所有矿区,或多或少,都会受地下水的困扰,不小心挖到水的话,也只能用蒸汽泵抽出去。另外,煤炭还会制造出两种不同气体,对人有生命威胁。其中一种是矿内窒息性气体,即二氧化碳。大气中含有很多二氧化碳,轮船也会排放大量二氧化碳。如果空气中它的量太大,会熄灭蜡烛,也会令人窒息。古井里就有很多二氧化碳,气流不通的地方也一样。另一种是含氢量很高的气体——甲烷,危险更大。如果向甲烷里投入明火,它就会立刻爆炸,威力和火药一样。为了防止这种事发生,汉弗莱·戴维爵士[1]发明了一种安全灯,外罩是金属细网纱,可以防止甲烷穿进。只要甲烷和大气不混合在一起,矿工们就可以安全地工作。

我去参观了坎伯兰郡的矿区,尤其是铅矿,还欣赏了美丽的湖泊。我还去了约克郡,那里的滴井很有趣。在纳尔斯伯勒附近,有一处奇妙的水井,泉水有三四十处,滴得很快,滴到一块岩石边缘上。这些水有石化作用,使岩石表面出现了石块。之所以会这样,是因为水滴中有小得几乎看不见的石粒,石粒随着水一起滴在物体表面,形成水垢,让人感觉物体表面出现了石头。有的地方石化后看起来像是鸟窝、装满鸡蛋的篮子、假发和其他一些东西。英格兰在其他地方还有几个石化泉,其中德比郡的马特洛克的石化泉最为著名。

兰开夏郡也有一处奇特的泉水,泉水表面立了一支蜡烛。水上有火光,好像油在燃烧一样。泉水附近有很多煤矿,可能火焰也是由那个会引起煤矿发生爆炸的甲烷气体导致的。

在英格兰不同的地区,可以看见几处天然洞穴,洞穴非常奇妙。其中最独特的是峰穴,我去那里参观了一下。

峰穴靠近德比郡的卡斯尔顿。进去后,游客会感觉自己进入了宽阔的石房,洞高约40英尺,宽120英尺。往洞穴内走大约90英尺后,洞穴顶部越来越矮,光线逐渐消失,于是每个游客都会拿一个灯来照明。

峰穴

　　洞穴里有一条低矮狭窄的过道,沿着过道下去,再乘坐小船渡过一小片水域,就会来到一个宽阔的巨洞,宽200英尺,有的地方高达120英尺。由于光线不足,看不清远方和洞顶。这个空洞之外还有一系列洞穴和通道,一直延伸到洞穴尽头。道路在离入口近半英里的地方才会消失。

　　当晚我过得很愉快,一边走,我还能一边欣赏沿途风景,山川、湖泊、森林、村舍和溪流。我环顾四周动人的美景,喜悦涌上心头,感叹于大自然的鬼斧神工,感谢它将世界装扮得如此美丽。英格兰虽然面积不大,但那里的美景绝不逊色于任何地方。

28 英国民俗风情

我一直对各个国家的不同风俗很感兴趣,经常会问很多问题。我想聊聊我在英格兰观察到的一些风俗。每年的12月25日是圣诞节,是一个很欢快的节日。在这天,平时很少有机会见面的朋友会聚在一起,脸上都洋溢着喜悦与微笑。元旦的前后几周,亲朋好友也聚集在家中。富人们会举办华丽的舞会,而穷人家的儿女则会长途跋涉从工作的地方返回家中,只为看望家里年长的父母。烤牛肉和李子布丁[1]是传统的圣诞晚餐。果肉馅饼是圣诞节的代表食物,食材一般包括煮牛肉、板油、葡萄干、黑加仑[2]、苹果,还添加了一些柠檬皮蜜饯、糖、肉豆蔻、丁香和肉桂,还会往馅料里倒点白兰地,之后在外面裹上一层面团,最后再拿去烘焙。每位拜访者都会被邀请吃果肉馅饼,有种开玩笑的说法是,吃了几种馅饼,就代表来年会开心几个月。晚上人们聚在篝火旁,将布朗壶[3]倒满酒水,在桌子上摆满烟枪和烟草,讲一些老生常谈的故事。

第十二夜是在圣诞节后的第十二天,现在远没有以前受重视了。人们在这一天会制作12只蛋糕。这个习俗来自于古罗马的农神节宴会,这个宴会是为了祭祀古罗马的

[1]一种由浆状的材料凝固成固体状的食品。

[2]黑色小浆果,内富含维生素C、糖类和有机酸等,可以食用,也可以加工成果汁、果酱、罐头等。

[3]一种棕色酒壶。

神灵雅努斯,而英语中的"1月"就是根据此神命名的。罗马人将这个节日带到了英国,后来,英国人在12月庆祝这个节日。这一天,到处洋溢着自由、欢乐和喜庆的气氛。朋友间互送礼品,学校不上学,参议院不开会,国家不对外宣战,也不处置罪犯,奴隶可以和主人开玩笑,甚至能和主人同桌吃饭。

在英格兰的城镇,糖果商会在窗户边堆满美味的蛋糕。蛋糕外层是冰镇的糖,蛋糕上点缀着数字、花朵和水果。当天的聚会上也会有这种蛋糕。人们在纸上画上不同的人物形象,比如说国王、王后、士兵、水手、挤牛奶女工、农民等等。年轻人要自己画一个人物,无论他画的是什么,直到聚会结束前,他都得一直扮演这个角色。因此,每年的1月6日都会用到大量蛋糕,从这项活动里,小孩子能收获很多乐趣。各个年龄段的人都会参与到这个活动里去,正所谓:

"大人不过是大一点的孩子。

孩子的爱好大人也会有的。"

人们会将祝酒杯倒满酒,有时候点上12支篝火。祝酒时所用的酒是用苹果、糖、麦芽酒制成的。如果一个人被称为祝酒者,就是指他是个酒鬼。你们可能认为这些习俗很古怪,不过其实许多地方都会有自己独特的习俗。

情人节在每年的2月14日,在这天,年轻人会选择和心爱的人或特别的朋友一起过。一般是送信给对方,大多数都是写诗,信里还附上一幅图画。内容大多都没什么意义。这段时间鸟恰好在择偶,情人节很可能就由此而来[1]。不过有太多关于情人节的传说,我不知道哪个是真的。

愚人节[2]在4月1日,节日历史有点悠久,很遗憾我一直没找到节日起源。我听说认知能力差的人,比如说疯子和愚人一类的,会在这天得到保佑。可能这就是这一节日的由来。罗马人说,那些极蠢的人会在每年4月1日庆祝自己的节日。他们会鼓励他们的孩子来开自己的玩笑,让孩子打发他们去做没意义的差事等等。这样做是为了让孩子渴望上学,以免最后变成他人的笑柄。不过这并没起什么作用,人们对这种做法评价不高。

五朔节是夏天的5月1日,通常被认为是一年中最充满生机的日子。这一天阳光明媚,百灵鸟歌唱,很多人早早就出门庆祝五朔节,去采摘5月的鲜花。人们通常会带回家一根树枝,很多人还会采回长满山楂花的枝丫。一些乡下地区还会竖起五朔节花柱,上面挂满了花环,村民们围着花柱跳舞。伦敦以前到处都是花柱,又称花杆。圣安德鲁教堂附近有一个花柱,花杆所在地被称作"花杆巷"。5月的第一天花柱就会被拿出来,人们在杆上装饰花环和鸟蛋,立在教堂附近。路过的人则在一旁欢呼庆祝。华盛顿·欧文[3]这样描述他在切斯特市第一次看到花柱的喜悦心情:"我仿佛被那个神圣的古物送回了过去,

[1] 传说以前在英国,所有雀鸟都会在2月14日前后交配求偶。因此,人类也认为每年的2月14日是春天万物初生的佳日,代表着青春生命的开始,也效仿雀鸟于每年的2月14日选伴侣。

[2] 公历4月1日,是从19世纪开始在西方兴起的民间节日,这一天,人们相互捉弄,但极少包含实质恶意。

[3] 19世纪美国最著名的作家,号称"美国文学之父"。代表作品有《纽约外史》《见闻札记》。

[1]法国著名编年史作家,生活于14世纪左右,他写的《闻见录》文学性极强,始终是封建时代最重要和最详尽的文献材料,作品内配有插图。

[2]英国民间传说中的侠盗。传说他武艺出众、机智勇敢,住在森林里,还聚集了一帮绿林好汉,劫富济贫,整治暴虐的路德曼贵族、官吏。

看着它,就宛如翻阅一本书籍,又如欣赏傅华萨[1]的画作。花柱立于诗意的迪河边,引起我无边的思绪。我想象着河流满是花环的模样,脑海里充斥着五朔节青青河边的舞蹈盛宴。仅看它一眼,花柱就令我欣喜不已。这一天全国都沉醉于它的魅力。我穿行于柴郡美丽的平原时,望见了威尔士迷人的边界。从起伏绵延的山向下俯视,可以看见长长的青翠山谷,贝文河蜿蜒流淌其中。这里简直是世外桃源。很容易想象旧时伦敦景象有多么欢乐,门上装饰着花枝,每顶帽子上都装饰着山楂花。各地庆祝的人都在花柱附近做着各种滑稽的姿势,还有一些人戴着侠盗罗宾汉[2]和他的伙伴们的面具。"

扫烟囱工会在五朔节进行舞蹈表演,场面欢快。当天,无论走到哪里,似乎都可以遇见他们。传说,以前有一个孩子,出生于富人家庭,但很小就被绑架了。后来,他在自己父母家扫烟囱。他当时灰头土脸,拿着扫帚和烟灰袋,但人们还是认出了他。据说,就是为了纪念这件事,扫烟囱工才在五朔节跳舞庆祝。不过,我不知道这是不是真的。

五朔节里,一大清早,扫烟囱工就成群出发了,他们踢出奇怪的声音,咔嗒咔嗒的。每路过一个房子,他们就在房前跳舞。他们的脸上画着古怪的图案,穿着更奇异。他们身上披着五颜六色的纸条和亚麻碎布,头上戴着五彩帽子。其中,一个人双手分别拿着把扫帚和簸箕,不时地

绿林杰克

互相敲打;还有一个人手里拿着两个硬硬的干骨头,不停摇动,发出巨大声响,感觉半英里外都能听见;另一个人负责敲打铁三脚架;后面还有个人,男扮女装,拿着盐盒和木勺,相互敲击,发出令人难以忍受的噪音。不过,装扮最古怪的要数"绿林杰克",往往是由一个男孩或一个成年男子装扮而成,全身包围着月桂树枝,看起来,整个人就像是一棵树。所有人一起蹦啊、跳啊、转圈,制造出很大声音,之后,他们将一个长柄勺伸进窗户里,或者是房门口,来讨赏钱。这一天,他们能收集到一笔可观的财富。我想,收到这么多钱,即使他们白天跳得很累,晚上依旧会高兴得睡不着。

市长节的游艇

　　伦敦还有一个欢快的日子,叫作市长节。市长在那天上任,承担起职位相关的荣誉和责任。他乘坐游艇出发,去往威斯敏斯特,几位城市机构的官员也跟随着他。到达后,他宣誓任职。那天的泰晤士河令人毕生难忘。豪华游艇上船帆高扬,天空中旗帜飘飞,音符四处流动,船上的人和挤在桥上的人,或举起帽子和手绢,或尽情欢呼。到达黑衣修士大桥[1]后,市长一行下船,登上华丽的马车去往市政厅举行宴会。州长的马车很豪华,不过市长的御用马车更豪华。马车仿佛就是造来令人观赏的,车厢内壁装饰着名贵画作,其余地方也打扮得很华丽。想象一下,这辆市长马车就在你眼前,后面跟着其余人员乘坐的高档马车,城市其他官员也在队伍中,马背上坐着穿盔甲的将

146

士,乐队跟在队伍中演奏,旗帜飘扬,仿佛全伦敦的人都聚到了一起,熙熙攘攘,欢呼雀跃。这样想后,你就会明白地感受到这盛大的规模。有记录的市长节最早是在1236年,当时亨利三世和普罗旺斯的埃莉诺[1]出行的队伍穿过了威斯敏斯特市,规模盛大。

关于英格兰,我已经和你们讲了一些古怪的事,不过,下面还有更奇怪的呢。

[1]金雀花王朝亨利三世的王后。出生于普罗旺斯地区的艾克斯,以美貌闻名。

29 盖伊·福克斯和火药阴谋

对英格兰的孩子们来说,在一年当中,11月5日的晚上可能是他们最高兴的时候。从前一天开始,在几乎所有城镇,大清早就能听到男孩的笑声和欢呼声。人们能看见两支队伍,朝不同方向行进。每一队里都有一个盖伊·福克斯人像,衣着古怪,脸上戴着面具。人像通常坐在担架上,男孩们抬着担架,从一个房子走到另一个房子,敲门大喊:"善良的人们要记住,千万不能忘了11月5日的火药阴谋事件。"通过这种方式,他们能收集到一笔买烟火的资金,晚上可以在篝火旁放烟花。我会一点点告诉你们盖伊·福克斯和火药阴谋的故事。

戴着盖伊·福克斯面具的人像

　　孩子们会特意抬高椅子,好让窗子里的人看见盖伊的人像。有些没想起这个日子的人,坐在早餐桌边,品着茶和咖啡,吃着热腾腾的卷饼,这时窗边忽然出现人像,他们可能会受到惊吓。每得到1便士,男孩们就会高呼"万岁",然后,再匆匆赶往下一个房子。

　　对调皮的小孩来说,这是一个不错的娱乐方式。不过,黑夜降临后,还有更好玩的在等着他们。

　　白天,男孩们到处找木棍和木头,向人讨要制作篝火的煤炭。找木棍时,他们一般都很调皮,如毫无忌惮地折断树枝,从栅栏里扯出木棍,最后带着老旧的围栏杆和断了的木桩跑开。

他们把收到的燃料都堆在一起,到了傍晚,无论哪个方向,都可以看到袅袅升起的烟雾和熊熊燃烧的篝火。

随着天色越来越黑,孩子们开始放烟火,缭绕的烟雾、熊熊的火焰、迸溅的火苗、庆祝的枪声、周围的烟火发出的嘶嘶响声,加上人群的欢呼声,这一切组合在一起,形成了动人的美景。盖伊·福克斯的人像后来也会被放进火里烧毁。随着火焰越来越低,一些人会围在火边取暖;一些人会把栗子和土豆放进热灰里烤;还有些人拿着烧着的棍子到处跑,在空中画着圈。最后,所有的烟花爆竹都放完了,烤栗子和烤土豆也吃完了,火也快灭了,孩子们才把泛红的灰烬踢开,一个个回到家中。

下面我要讲的就是盖伊·福克斯和火药阴谋。白天,孩子们抬盖伊的人像,晚上,他们又把人像放在篝火里烧,其实这与火药阴谋事件有关。

火药阴谋是一个恶毒的计划,好在老天爷没让它成真。

我相信所有可敬的人都会反对这种行为的,不过难免会有些冷酷残忍的人。詹姆士一世在位时,英格兰一些罗马基督教徒图谋颠覆新教,建立天主教会。于是他们中几个人聚到一起,打算等国王、王后、大王子、贵族和议员们都在场的时候用火药炸掉国会大厦。这就是火药阴谋。你们还听过比这更恐怖的事吗?

凯斯比[1]最先想出这主意,他认为国会大厦的地下室

[1]全名罗伯特·凯斯比,"火药阴谋"的策划者。

149

能够储藏足够炸掉整座大厦的火药,于是按计划秘密地执行起来,他们在大厦附近租了一个房子,在房子底下打了个洞。墙厚达3英尺,但他们还是想办法钻了个洞,之后,他们发现,国会大厦下面有地下室,里面囤积了大量煤炭。地下室当时正好想对外出租,于是他们就租了过来,并偷偷在里面藏了36桶从荷兰买来的火药。36桶火药!想想就很可怕。感觉这几乎都能炸毁半座伦敦市了。

火药桶用煤炭和柴草盖着,即使有人进出地下室,也不会发现。这是不是一个很狡猾的计谋?不过正因为这是诡计,最后并未成功,毕竟作恶是不会有好下场的。

同谋的还有亨利·珀西爵士,由于不想伤及自己的朋友蒙特·伊格爵士,他给他写了封信让他当心。你们是不是很好奇信的内容。让我想想,内容大致如下:

"亲爱的朋友,不要去国会大厦,上帝和他的子民们正准备消除世间罪恶。不要忽视这警示,去乡村小屋好好待着,安静地等着大事发生。虽然现在没有任何动静,不过你不久就会听到消息,议会甚至不会知道是谁做的。听从我的建议,这对你有益无害。看完后记得将信烧毁,危险会远离你的。"

好了,听完内容,你们有什么想法,你们觉得这会吓到亨利爵士吗?

刚开始他认为信只是吓唬他的,不过后来他还是把信交给了国家秘书长索尔兹伯里侯爵。议会开会时,侯爵将信呈给国王。议员们也一样感到困惑,最先怀疑的是詹姆士一世,他觉得可能是有人打算用火药炸死他们。于是,他派人仔细搜查了国会大厦的地下室。最后,他们不仅发现了火药桶,还看见了主谋盖伊·福克斯本人,并将他逮了个正着,被逮时他裹着松垮的披风,穿着靴子,手上拿着昏暗的灯笼。诡计被拆穿,可怕的爆炸被成功阻止,否则,国王和议员们就都没命了,国家也会陷入混乱,甚至还可能发生内战。这阴谋实在太可怕,听到盖伊被逮捕,你们是不是也感到大快人心呢?

还有一个非常古老的习俗,叫作"敲打分界线"。我咨询了一下发现,到了一个特定的季节,教区里就会派人去好几个地区标记教区的分界线。教会委员和一些任职人员出发后,他们会拿着树枝、鞭子和棍子,在分界线敲打,让人们不要忘了分界线的存在。教区居民,尤其是年轻的孩子,经常加入巡逻队伍。

这个习俗被当成了一种仪式,有些巡逻的人喜欢恶作剧。假如在分界线旁遇见路人的话,他们会把他的帽子扯下来,扔到河里,或者扔进花园墙里。假如边界线恰好在小溪或小河里,他们还经常强行把路人推进去,让其与边界融为一体。他们认为,这样子能让人对分界线记忆深刻。对于巡逻的人来说,他们也要尽可能沿着分界线走。假如分界线经过小溪,他就得蹚过小溪。有时,他会碰到以树为分界线的地方,这时,他得小心翼翼从树杈下穿过去。这项习俗有利于防止相邻地区因边界产生纠纷。

敲打分界线

30 英格兰流行的故事

有一些作品在英格兰很流行，且很受孩子们欢迎，我想你们可能有兴趣听。之前，我问了一个对此很了解的人，现在，我可以和你们讲一讲这些作品。

《林中小孩》的民谣人人皆知，这个故事娓娓动人，打动了孩子们幼小的心灵。它讲的是关于两个小孩的故事。他们的父母临终前将他们托付给他们的叔叔。可是，他们的叔叔不仅没照顾他们，并且，为了将遗产据为己有，反而想要杀死他们，于是把他们交给了两个恶棍。

到林子后，两个恶棍吵了起来，一个想要杀了孩子，一个主张放了孩子。于是两人打了起来，其中想杀了小孩的人被打倒了。然后，剩下的那位把两个孩子放在林中，让他们自生自灭。但无助的孩子还期盼着他能回来找他们。最后，人们发现了他们的尸体，两人相拥着，他们本来鲜红的嘴唇已经发黑，身上覆盖着树叶，那是知更鸟叼来的。

人们也很喜欢古老的《切维切斯民谣》[1]。故事是这样的，诺森伯兰伯爵珀西和他的手下去苏格兰林地狩猎。在那里，他们偶遇了道格拉斯伯爵和他的手下，双方当场打了起来。两队皆伤亡惨重，道格拉斯也被杀死了。当珀西看到道格拉斯倒下，他感到很难过，其实，他不想伤害对方的性命。

还有另一首民谣也很流行，叫《罗宾汉传奇》，讲述的是舍伍德森林一群绿林好汉的事迹。罗宾汉和他的手下小约翰等人都因善于用弩出名。不过故事太长了，我就不详细叙述了。

《鲁滨孙漂流记》是一本孩子们百读不厌的经典著作。我很多年前还没出国的时候就读过，我想从某个方面来说，正是这本书在激励我出门闯荡，如果非要吹毛求疵

[1] 讲述了一群人狩猎聚会的故事，领头人是诺森伯兰伯爵珀西。他们在切维厄特丘陵追捕（Chase）动物，得名"切维切斯（Chevy Chase）"。

[1] 英国小说家、新闻记者、小册子作者，被视作英国现实主义小说的开创者之一。其代表作《鲁滨孙漂流记》一直闻名于世。

说出一个缺点的话，就是这书让读者想出去冒险，向往大海，想经历和鲁滨孙一样的冒险，作者是丹尼尔·笛福[1]。不知你们有没有听说过这本书。

年轻的时候，鲁滨孙就出海了，经历一些奇遇后，他被海浪抛到了无人岛，他在那生活了很多年。作者语言简洁明了，描写了鲁滨孙如何搭建临时小屋，如何找到食物和衣服，还描述了他管理时间的方式，文笔生动有趣，具有启发意义。一天，当鲁滨孙向船走去时，他发现沙岸上有赤脚脚印，他十分吃惊，还有点害怕。之后，他看见几艘船，上面载满了野蛮人，那些野蛮人把俘虏带到岸上，并杀了来吃。于是，鲁滨孙更觉害怕。他设法救了其中一个俘虏，并收其为仆，其实，他也只有这一个仆人。因为那天是星期五，所以他给救下的人取名为"星期五"。有一天，星期五被一只熊追赶，到了一棵大树上。熊也跟着他上树，于是，他爬到一根大树枝的末端，好让熊不敢跟着爬过去。星期五摇晃树枝，熊感受到晃动，害怕地爬下树退到一边，不过星期五也从树枝上掉了下去，他唰地端起枪，朝熊的头部射去。鲁滨孙最后安全返回了英格兰。在英格兰，几乎每个小男孩都读过这本书。

鲁滨孙观察脚印

　　还有一本很受欢迎的书，名叫《桑福德和默顿》，讲述了两个男孩的故事。其中一个是绅士的儿子，另一个则是农民的孩子。其中农民的孩子桑福德非常勤奋刻苦，绅士的儿子托马斯·默顿一开始看不起他，但是他使对方相信自己更能干，因为他能够自力更生和帮助他人，而默顿却得依靠别人。

　　不过，在英格兰，最流行的要数《天路历程》，作者是约翰·班扬。此书老少皆宜，我就读过好几遍，而且还可能重新翻阅。此书讲述了一个朝圣者碰到的危险和奇遇，描述了他从毁灭城走到天堂的旅程。它详细地讲了很多趣事，提出了睿智的建议，给人神圣的启示。有时间的话，不妨看一看。

　　还有好几本值得一提的书，不过，我不知道该不该提，因为这些书和我有关。不过我还是讲一下吧，毕竟它们的确是好书。你们猜到没？哈哈！其实，我要说的就是"彼得·帕利讲历史"系列。对！就是你们听我讲的这些故事，它们已经印刷成册了。有机会，要多读几遍哦！

目前为止，我和你们讲的主要是英格兰的事。其实我还去了威尔士，我想提一下那里。

31 威尔士风情

我很喜欢山，因此我很喜欢威尔士。不同于英格兰，那里几乎到处是山谷。山峰上光秃秃的，看不见树木。急流和小溪从山上流下，有时候，在阳光照射下宛若白银；有时候，在岩石和山崖的笼罩之下，又漆黑如墨。

不过，威尔士的道路四通八达。行走于乡间，这里有青青的山谷、洁白的农舍、安静的城镇，旅人很容易看着迷。那里的人们穿着奇特。男子穿着蓝色大衣、裤子和袜子，搭配着红色的背心，还穿着蓝色或红色的法兰绒[1]衬衫。

女子穿着紧身夹克、深棕色裙子或多彩的条纹亚麻毛织品。男女戴的帽子很相似。这里的女子非常勤快，你经常能看见她们一边走路，一边织毛衣。

威尔士分为南北两部分。北威尔士分布着几座主要

[1]一种用粗梳（棉）毛纱织制的柔软而有绒面的棉毛织物。于18世纪创制于英国的威尔士。

山脉，那里的峡谷又深又窄，风景也更古朴原始，路更崎岖。

与之相反，南威尔士的峡谷更宽、更富饶，密布着村庄和城镇。峡谷经常延伸至四周环绕着山的广阔平地。

威尔士分布着很多河流，虽然不大，但是景色迷人。北部最著名的是塞文河、康威河、迪河、克卢伊德河。南部最有名的是托韦河、阿斯克河还有瓦伊河。

其中最大的河流是瓦伊河，沿岸风景格外秀美。它时而穿过青草丛生的牧场，时而经过陡峭的悬崖。许多古老的城堡曾立在河畔，虽然现在只剩一堆遗迹，但在以前，其中一些非常出名。

这些城堡曾属于好战的首领，他们住在荒山上，把时间花在追逐和战斗上。他们勇敢无畏，一生充满了奇特的冒险。威尔士人有自己独特的语言，乡村里所有人都能说这种语言，不过在城镇，人们主要还是用英语交流。威尔士主要产品是法兰绒和一些其他羊毛织品，质量一流，主要生产的还有一些铁器和陶器。

我不介意穿威尔士的法兰绒服装，不过却没打算费力学习威尔士语，每个单词的发音都拗口。对说英语的人而言，威尔士语听起来比较刺耳，喉音比较重。

塞缪尔·约翰逊[1]博士说过："听一长串威尔士语可不是一件轻松愉快的事。"它非常古老，和希伯来语[2]出奇地相似，尤其是在构词和语法上面。

[1]英国作家、文学评论家和诗人。1728年进入牛津大学学习。因家贫而中途辍学。经9年的奋斗，终于在1755年编成《英语大辞典》。

[2]犹太人的民族语言，世界上最古老的语言之一。

威尔士各地都有丰富的矿产资源,铜、铅、铁、煤炭等等。在卡迪根郡和弗林特郡还发现了银矿。

32 卡马森镇和卡那封镇

卡马森镇是南威尔士的主要城市,位于托韦河上。四周都是城墙,一座石城堡曾守卫在那里。不过现在已成为一堆废墟。剩下的几扇铁门,已经被改造成监狱了。

卡马森镇布局良好,只是看起来有些奇怪。许多房子建筑风格奇特,大部分居民从事制造业,生产镀锡铁皮和制铁。城镇离布里斯托尔不远,可通过布里斯托尔海峡对外进行贸易。

卡那封镇位于梅奈海峡[1],是北威尔士最大的城镇之一。城镇外面是一圈围墙,墙内还有许多防卫型圆塔。这里坐落着著名的卡那封堡,爱德华二世就在那里出生。

[1]爱尔兰海海峡。将安格尔西岛和北威尔士本土分开。

卡那封堡

　　卡那封镇建设得很美，有一个优良港口。那里的居民和伦敦、布里斯托尔、利物浦以及爱尔兰都有密切的贸易往来。他们制造出大量法兰绒和袜子进行贸易，还从采石场采集一大堆板岩，从河流里发掘铜矿，向外出口各种矿产品。

　　卡那封镇附近的居民生活简朴，穿着朴实，食物主要是牛奶和燕麦制的蛋糕。这些人被山环绕着，过得惬意舒适，他们安稳地待在宁静的村庄，不问外界的纷纷扰扰。

　　除了卡马森镇和卡那封镇，威尔士还有好几个相当大的城镇，如斯旺西、滕比等。

　　威尔士不同的地区有好几个板岩的采石场。所采板岩主要用于建造屋顶，被运至英格兰、威尔士、苏格兰各地,同时也运往美国,不过由于美国近来也发现了采石场,现在从威尔士运去的量没以前那么多了。

威尔士制造了大量的书写用石板[1]。美国就有很多这种石板,我敢说,它们应该都产自威尔士。

北威尔士沿岸有座安格尔西岛,安格尔西岛上有一座著名铜矿,铜矿储存在帕雷斯山里。起初,山体几乎全是铜矿,不过大部分都已经被开采了,现在产量没有以前那么多。山的内部到处都被挖掘过,站在山边,可以看见许多昏暗的矿洞,还能发现一些矿工,他们正在辛劳忙碌地采矿。矿区的石头是用火药炸开的,每年所用火药估计有8吨。对航行于爱尔兰和威尔士的人来说,岛上的霍利黑德是一处避风港,距离都柏林大概60英里。

安格尔西岛与威尔士中间隔着梅奈海峡。以前,两地渡轮往来频繁,可是,渡轮在海上发生了很多意外事故。于是,人们决定修建一座桥,连接岛屿与内陆。海峡很深,潮汐又大,几乎不可能先建立桥拱,再将桥建立在桥拱上。再加上还有众多船只来往于海峡两岸,需要给它们预留足够的航道。因此,人们在海峡两岸岩石上固定了粗大的铁链,悬空建了一条通道,两边以16条铁链相连。铁链上垂直的铁杆支撑着桥面,而桥面则由3层厚木板组成,铺着沥青[2]和细碎的花岗岩。

梅奈大桥

不过,这座桥并没有满足公众的需求。为了加快通行速度,人们后来决定在海峡间建一条铁路。于是,人类史上最伟大的工程之一出现了。著名建筑师罗伯特·史蒂文森[1]建造了大不列颠管形桥。此桥在海中有3个支柱,超越海面230英尺。两边海岸都有高160英尺以上的坚固桥墩支持。

建造桥身共用了150万立方英尺的水泥,以及1.2万吨金属,总高度2980多英尺。建桥者曾用500吨的厚重火车测过桥的支撑力,耗资总计60万英镑。1850年3月18日,大桥开始通行,每天有三四趟列车经过。

161

大不列颠管形桥

　　原来,格拉摩根郡的梅瑟蒂德菲尔只是一个小村庄,后来成了威尔士人口最多的城镇,这离不开那里钢铁厂的发展。城镇附近有很多煤炭钢铁资源,由于这里燃料充足,在安格尔西岛、康沃尔和爱尔兰挖掘的铜矿都被运到这里熔炼。

　　夜晚的梅瑟蒂德菲尔格外惊人,地表腾起的火焰和烟雾,让人感觉像是无数座火山一起爆发了。无论是蒸汽机、水力驱动的运行中的巨大铁锤,还是其他机器,都为其添加了一种诡异的氛围。

　　我还得讲讲威尔士其他的事物,尤其是那里的山。

33 威尔士的高山

斯诺登山位于卡那封郡，是威尔士最高的山，高3571英尺。从高处看，你能看到英格兰、苏格兰和爱尔兰的一部分。以前，我喜欢站在高处俯瞰，不过，现在我的关节已经没有以前灵活了。

登上斯诺登山峰不是件容易的事。威尔士人告诉我，他们称它为鹰峰。

从山上看，风景最好的时候大约是在午夜之后，那时候可以爬山观日出，景色美不胜收。

我骑上一头毛发蓬松的结实的马，从兰贝里斯山谷的多尔巴达堡出发上山沿着湖边前进，经过大峡谷旁边的希南特摩尔大瀑布[1]，最后来到格望谷。在山顶看到的景象很辽阔，群山绵延起伏，中间镶嵌着二三十个清澈的湖泊，美得难以言喻。

[1]北威尔士最壮观的瀑布。

站在最高峰时，我不小心踢到了两边的两块石头，它们一蹦一蹦地滚下了深渊，石头掉下去后，我猜它们最后至少相隔半英里远。

我还去了威尔士其他的山。威尔士的山十分多，沿途风景各异，有许多秀丽景色。其中，我想谈谈卡那封郡的兰贝里斯。

兰贝里斯是个特别浪漫的地方,位于葱郁的幽谷之间,山峰烟雾缭绕,那里的居民很少有见到云雾散开的时候。冬天的时候,也常常连续3个月见不到阳光。曾有人这样描述道:"自然孕育了这里的群山,似乎是特意为战争中的英国人开辟一个安全的避难所。这些山算得上是英国的阿尔卑斯山脉。一方面它们是岛上最高的,另一方面它们很像那每一面都包围着峭壁的阿尔卑斯山脉。如众星捧月般,中间的山峰最高,俯瞰群山,仿佛不只是为震慑世人,还欲穿破天际。"

还有一些地方也值得一看,如布莱克大瀑布、巴拉湖、兰戈伦[1]峡谷、罗马路和一些古道。

你们听说过魔鬼桥吗?下面,我们就来谈一谈这座桥。

34 魔鬼桥

我听过很多有关魔鬼桥的传说,正所谓百闻不如一见,我决定亲眼去瞧一瞧。若非亲眼所见,我根本不敢相信那里竟那样美丽,那样令人惊叹。魔鬼桥是建在一座旧桥上的,距地面114英尺,悬于深深的河谷上。我从没见过这样的景色,岩石分列两侧,似乎是为了给山间湍急的

魔鬼桥

河流让道。山崖上开出一道道裂缝,漆黑狭窄却又深不见底,看起来十分阴暗昏沉,一般人根本不敢从桥上往下看。

费了好大一番工夫,我才走到河边,当我抬头,目光穿过岩石时,感觉自己就在地球的最中心。脚边是奔腾的河流,头顶是黝黑的巨大岩石,我的心不由谦逊起来,茫茫人世,我不过是沧海一粟。我为大自然的鬼斧神工感叹不已。当时我真想静下心来好好地读一本书。

第二次爬上桥时,我发现了一个看风景的最佳点,在那里可以将4个瀑布尽收眼底,还可以看见麦那奇河,河水咆哮着流过悬崖间。第一个瀑布离桥四五十码远,高20英尺左右,周围岩石阻挡住湍急的瀑布,使其汇成狭窄的小溪;第二个瀑布比第一个高3倍,水流清澈如水晶,两边的岩石造型奇特又美丽,上面长着各种树木;第三个瀑布高约20英尺,岩石很多,水流曲折,甚至流到了最大的瀑布边;第四个瀑布,也就是最大的瀑布,高110英尺,也就是说瀑布有5栋房子那么高,即使不算上瀑布下的湖泊,瀑布水流也有200多英尺长。桥底流淌着麦那奇河与莱迪奥河,桥与两河交汇处的高度是320多英尺。

莱迪奥河的一段从山上流下来,形成了宽广的瀑布,并与桥附近的瀑布汇合。我想从瀑布和岩石之间的空地翻过去,看一下水帘。桥四周树木葱茏,岩石奇特,河流奔腾,有种孤寂的美。

是不是还没听够,下面我们再来讲讲威尔士的城堡和竖琴演奏人的事。

35 吟游诗人和诗人大会

威尔士的城堡很出名。许多人曾英勇地守卫过这些城堡,不过现在城堡都已经成为一堆废墟了。城堡四面爬满了常春藤,灰色墙体上长满了青苔,令人不由得想起往日时光。它们建造得很坚固,仿佛打算永远屹立在原地。然而,时间终将一切都化为尘土。这些古城堡似乎就向我们传达着这样的信息。

我去了波伊斯城堡,它位于蒙哥马利郡,坐落在威尔士湖畔。据说城堡已经存在700年了,因为它的石头是红色的,所以威尔士人称其为红色城堡。不过,它现在被涂上了红色石灰,看上去更像是砖红色。

我觉得推拉窗和古城堡很不搭。堡内家具既古老又大方美观,城堡里还有很多褪色的挂毯、稀奇的古玩和画作。你看见过古老的挂毯吗?房间的四面墙上都挂着挂毯,上面印着真人大小的人物像。不过我觉得,这些人像都奇丑无比。

卡那封城堡建立在一块岩石上,用雕琢好的白色石头堆砌而成,不过墙脚和窗户边都是红色的。占领威尔士后,爱德华一世建造了这座城堡,以镇压威尔士人的反抗。为了让威尔士人服从自己的统治,他任命自己的儿子为威尔士亲王,恰好他的儿子也是在城堡中出生。因此,威尔士又被称为亲王国。

康威城堡也是爱德华一世建造的,包含了8座圆塔,屹立在一块高大的岩石上,俯瞰着康威河。康威河因盛产珍珠而出名,采集珍珠的工作为很多穷人提供了饭碗。一旦被打捞上来,珍珠就会被运往伦敦,因此,珍珠在附近地区并不常见。

无论是迪纳斯布兰堡、多尔巴登堡、多威迪兰堡,还是霍沃登堡、霍尔特堡和其他20多个城堡中的任何一个,现在都成为一堆废墟了。不过,这些遗迹也是个证明,证明着威尔士人曾经是个骁勇善战的民族,曾为了自由而不懈努力。

美国是一个新国家,历史还不够长,从波士顿出发,要走好远才能看到古城堡遗迹。不过,美国也曾为自由抗争,我希望以后她能一直生活在和平里。

古时候,威尔士有很多吟游诗人。发生战争时,他们为战士们加油打气。他们流转于一个个城堡,从一座庄园去往另一座庄园,弹奏竖琴,歌颂将士们的骁勇善战。

吟游诗人受到很大的尊敬,演奏时,他们可能会佩戴金项链,也经常获赠昂贵的酒杯,或者是其他有价值的礼物。

威尔士吟游诗人

我见过好几位威尔士竖琴演奏人。我本以为,他们都是老人,穿着松垮披风或长袍,长长的白胡子随风舞动,不过我发现并非如此。他们现在和以前已经大不相同了,不过他们还是会弹奏竖琴。

据说,爱德华一世曾下令处死威尔士的吟游诗人,假如这是真的,那他真的是太残忍了。唉,为了争夺和巩固王位,中间到底发生了怎样的腥风血雨啊!

讲完了竖琴演奏人的事,我想再和你们谈谈诗人大会的事。

很多吟游诗人会参加诗人大会,他们聚在一起,展现自己的艺术才华,裁判会挑选最适合的人,把相应奖项颁给他。如果在大会上表现特别优异,就会被选去为亲王、贵族和土地领主表演。大会历史悠久,上一次大会举行于1567年,也就是伊丽莎白时期,由王室成员发起。后来,诗人大会一直停办。1798年重新举行时,大会给一些人颁奖,主要是用威尔士语作诗的人,也包括演奏威尔士竖琴的人。从那以后,亲王国和伦敦经常举行诗人大会。

相比现在而言,以前参加诗人大会的人可能多些,不过,就竖琴演奏而言,那时的吟游诗人不一定更胜一筹。我欣赏过好几个大会得奖者的演奏,他们佩戴着徽章,那是我听过的最优美的琴声。好了,讲了这么多,现在我们来谈谈巨石奇观吧。

36 巨石奇观

你们可能没听说过巨石奇观。没关系，下面，我就会向你们介绍。

巨石奇观是几堆随意摆放的大块石头，一般被认为是宗教用的祭坛，以膜拜天神。不过因为年代久远，加上记载不多，人们对此也意见不一。你还记得我之前讲过的索尔兹伯里平原上的巨石阵吗？它某一种程度上也可以说是巨石奇观，不过巨石阵规模比较大。有时巨石阵是用石头连接而成的，许多扁平的石头两端被拼在一起。还有些也是用大块石头连接成的，不过是把扁平石头摆在最顶端。在格拉摩根郡加的夫6英里外，有一处巨石奇观，据说是英国最大的。最上面的石头有6英尺长，下面由5个大石头支撑着。这5块石头分别将顶部石头的东边、北边和西边都支撑了起来，南边是开放的，于是形成了一个长和高都是16英尺、宽15英尺的小空间。它里里外外都堆满了垃圾，看不清楚，因此，我想它本来的高度应该更高些。支撑北边的石头长16英尺，西边的长9英尺，东边的3个石头彼此挨得很近。顶部水平摆放的石头长24英尺，宽10—17英尺不等，厚约2.5英尺，离地面2英尺，有些地方爬满了常春藤。

格拉摩根郡有一个叫作"要塞悬崖"的地方，四周是一大堆石头。在林恩俄迪恩远处的一个平原上，有两个笔直圆柱围成的圈，两个圈相距好几码。在半英里外的地方，有一处宏伟的巨石奇观，有些石头一个叠一个，倾斜地搭着，还有些扁平的石头，笔直地堆在一起。

巨石奇观通常都搭在人烟稀少的空地，人们看到它都不免追思过去。现在，虽然这些巨石派不上什么实际用场，但它们是先人留给我们的财产，让我们能够了解先人的一些活动，如果移除就太可惜了。

很多巨石奇观爬了青苔，四周长出了杂草。好几次，我坐在其间沉思，想象着数百名先人屈膝跪拜太阳、星星和月亮的场景。沉思时，我也深深感受到能接受教育是多么幸运的事，大家一定要珍惜。

威尔士著名的不止有山脉、城堡和巨石奇观，还有瀑布。无论走到哪里，你都能很快发现瀑布。我之前提过魔鬼桥的瀑布，本不打算再聊瀑布的事。不过我在那遇见一件事，你们可能感兴趣，我想和你们讲一讲事情经过。

在拉德诺郡的群山间，有一个叫作岩石黑池塘的地方，当时我和另外两个人一起去拜访那里。池塘附近有一个著名的瀑布，瀑布的水流进一个深洞里，传说那是个无底洞。为了去到瀑布脚下，我们需要从山的一边下去。山路非常陡峭，所幸的是，路上长着许多灌木丛，这帮了我们很大忙。有一个同伴不敢再往前走，于是，我留下他，然后跟着另一个威尔士本地人往前走，他相当于我的导游。我们越往下走，我们所在的山和对面岩石之间的空间越窄，到了最底部，就成了一个黑黑的大裂缝，附近生长的树的枝干都越过了它。爬到后来，我们甚至能看见对面岩石上有一些老鹰和鸢的巢。等我们终于到达底部，我们才发现瀑布的水已经把地上的裂缝淹没了。我们不得不贴着岩石，小心翼翼地走，有时，还得从一块石头跳到另一块石头上，石头其实很不稳定，有点危险。

当我们爬上一块倾斜的岩石后，我们才发现它特别滑，上面沾了水里的淤泥。我的导游告诉我，再走下去很危险，不过我并没被吓到，我决心要走到瀑布底下。

他看见我还想走下去时，由于他知道有多危险，他表示不打算往下走了。可我依旧不管不顾，后来，我脚底一滑，沿着石头朝着传说中的无底洞滑去。

威尔士人吓得大叫了出来，不过已经太迟了，我已经滑过好些岩石，甚至一只脚都已经到了洞里了。要不是我及时抓住了岩石上一个凸出的石块，我恐怕就完全掉进去了。我的导游问我会不会游泳，听到我喊"会"的时候，他很是松了一口气。我小心翼翼、战战兢兢地爬离那个黑洞，你们要是看到我那时的模样，一定会忍不住同情或打趣我的。

能回到导游旁边，实在是万幸。他告诉我一些关于无底洞的传说。据说曾有人将绳子伸进洞里，可是哪怕放到好几百英尺下，都没有碰到底。还有传言，曾经有只鹅，脚上被绑上重物放到洞里，最后它爬上来时身上的羽毛都掉光了。

我是不相信这些故事的，但我确信这个岩石黑池塘是一个危险的地方，我一辈子都不会忘了它。我那时真的太鲁莽了，我想告诫年轻朋友们，如果旅行的确需要一位导游指引的话，要听从导游的建议。

37 苏格兰高地和低地

虽然我很喜欢威尔士，可我不能一直逗留在那里。我还想看看苏格兰，于是我又启程了。苏格兰分为高地和低地两部分。前者在北方，后者在南部。高地是浪漫而有趣的，我在那度过了一段快乐的日子。那里主要由崎岖蜿蜒的山脉、狭窄的山谷和宝蓝色的湖泊组成。

在古代，有一些英勇和好战的民族，生活在荒野上，说着自己族内的语言，以狩猎、捕鱼和掠夺邻近族群为生。他们有时也在山区有遮挡的地方圈养一些小羊和小牛。高地人过去打扮得很奇怪，他们经常穿格纹布做的衣服。高地的男子通常穿着苏格兰短裙[1]，光着膝盖，头上戴着帽子，有时戴的是软帽。现在，有些人仍然保持这样的穿

[1]一种从腰部到膝盖的短裙，用花呢制作，布面有连续的大方格。

[1]本意就是盎格鲁和撒克逊两个民族结合的民族，是一个集合用语，通常用来形容5世纪初到1066年征服者诺曼及其后裔统治英格兰期间，生活于大不列颠东部和南部地区，在语言、习俗上相近的民族。

[2]铁器时代晚期居住在今天的苏格兰东部和北部的族群，属于当时不列颠群岛上的凯尔特人的一支。

[3]拥有爱尔兰血统的苏格兰人。

[4]盎格鲁—撒克逊人入侵大不列颠岛前，岛上南部地区的原住民。公元1—5世纪大不列颠岛东南部为罗马帝国统治，罗马人撤走后，欧洲北部的盎格鲁人、撒克逊人、朱特人相继入侵并定居。

[5]生活在英国苏格兰西南部盖勒韦地区的族群。

着方式。不过总的来说，现在他们的穿衣风格与英格兰人相似。高地没有大城镇，除了城堡和一些乡间宅第，那里的房子大体上都建造得比较粗糙，给人一种破落感，有许多都是用石头混合着泥土建成的。屋顶是用稻草和树枝铺搭的，常常连烟囱都没有，烟雾要么从门散出去，要么透过屋顶上的某个大缝隙溜出去。

和苏格兰高地人相比，低地人大不相同，他们的穿着和生活模式方面和英格兰人很像。他们也讲英语，虽然他们使用很多古怪的单词，发音也有点奇怪。如果你去苏格兰，你会很难理解当地居民的语言，他们的发音实在是太独特了。在公元6世纪，苏格兰住着多个民族或部落，他们是盎格鲁—撒克逊人[1]、皮克特人[2]、爱尔兰苏格兰人[3]、不列颠人[4]和盖勒韦苏格兰人[5]。因此，苏格兰低地人在语言上接近盎格鲁—撒克逊语。至于高地人和爱尔兰苏格兰人的语言，则更接近盖尔语，又叫爱尔兰克尔特语，是一种苏格兰古老语言。

苏格兰首府是爱丁堡，它是洛锡安区中部的主要城镇，距福斯湾约2英里。其风景格外优美，据说欧洲没有一座省会城市能与之相比。它位于山丘之上，由两部分组成。一部分被称为老城区，另一部分则被称为新城区。两地由深深的狭长山谷——洛赫山谷隔开，以前山谷里积满了水，不过现在已经干涸了。

山谷上跨了几座桥梁，有些地方用土填平，以供新旧两城镇往来。旧城区通常建立在山峰上,或者是又长又陡峭的山脊两侧。并且,除了卡农盖特和卡尔盖特两条大街道,还有几条较小的路,主要由狭窄的小巷组成,其中一些还不超过6英尺宽。大多数房屋都很古老,其中一些有12层甚至14层楼。一个通用的楼梯通往所有楼层,每一楼层由单独的家庭居住。至于那些有钱有地位的人,他们常常住在较低楼层,而不太富裕的人则居住在较高楼层,一楼通常被用作商店。这种房子有很多层,能容纳很多家庭。但是,最近富裕的居民们几乎全离开旧城区而定居在新城区了。除了巴黎和一些其他城镇,现在几乎没人建造这种房子了。不过伦敦打算尝试这种住房,最近有几栋这样的房子正在施工。

爱丁堡城堡矗立在一块陡峭的岩石上,岩石海拔383英尺,它是一个古老而坚固的堡垒,唯一的通道上拴着一座吊桥。城堡由士兵守卫,能容纳2000人住宿,军械库能放置3万套武器装备。主要的炮组是由加农炮组成的,另一组则是著名的芒斯蒙哥大炮[1]。其中的皇冠厅还收藏了古老的苏格兰徽章[2]、王族皇冠、权杖和王国之剑。

城堡的视角极佳。从城堡看去,北边是福斯湾;东边是两块巨大的岩石,几乎比城镇还高,一个叫索尔兹伯里峭壁,另一个叫亚瑟王座;南边和西边是绵延起伏的丘陵和山谷,上面分布着村庄,一些乡间宅第比较醒目。在索尔兹伯里峭壁附近,有种类繁多的岩石植物、丰富的矿

[1]炮管较长,由熟铁条焊接起来,再用环套加以固定制成。在当时由于火力强、射程远而出名。

[2]苏格兰皇家徽章,曾是苏格兰王国的正式徽章,1707年后,成为苏格兰的官方徽章。徽章的中央是一个印有红色狮子的盾牌,盾徽的两侧则是独角兽。

产和晶石,据说还在那里发现了紫水晶和其他珍贵宝石。

　　爱丁堡的新城区布局规整,就像一个棋盘。房子主要用雕琢好的石头砌成,十分大气美观。

爱丁堡城堡

　　亚瑟王座海拔822英尺,距离爱丁堡两三英里,当你到达顶部,看到眼前壮丽的景色,你会觉得走再远都值得。从那里看去,整个爱丁堡似乎就在你对面,不过旧城区由于岁月悠久,建筑不够亮丽,似乎笼上了一层烟雾,仿佛就在脚下。你可以听到街头运货马车嘎嘎的行驶声,捕捉到很轻的话语,那是人们的谈话声,从街上飘荡到了空中。你还可以眺望街道,远观纳尔逊纪念碑,观察忙碌的人群,甚至可以窥视到烟囱口里面。

　　这就是从亚瑟王座看到的近景。远处的物体更加宏伟美丽。北面是福斯湾，从内陆伸出与海洋融为一体；东面是遥远的群山；南面和西面风景各异。

一个人可以坐在这些岩石上数小时而不感到疲倦，或对着下面繁忙的城市景象沉思，或愉悦地眺望四方宏伟壮观的美景。我觉得没什么地方比这里还有趣了。

从亚瑟王座回城镇的路上，旅客会发现圣安东尼教堂的遗迹，它非常古老，一部分早已化为尘土，只留下些许墙体。有很多关于这些遗迹的奇异传说，来这里参观的人也有很多。

在圣安东尼教堂不远的城市边缘，有一座古老的建筑，叫作荷里路德宫[1]，以前是苏格兰国王的宫殿，里面发生过很多重大事件，历史上常有提及。西北部的塔由詹姆士五世所建，据说有一个叫里奇奥的普通人有幸和玛丽一世一起吃饭，结果优雅的玛丽一世在宫殿吃晚饭时，里奇奥被偷偷从她身边拖走谋杀了。宫殿门上仍然留有污渍，据说就是受害人被杀时留下的血渍。上流社会光彩夺目的生活有时会让人艳羡不已，不过这样悲伤的故事也为它蒙上了一层阴影。虽然在辉煌的宫殿里和女王一起进餐无比光荣，不过为此丢了小命就不值了，也许待在家里吃点清粥小菜对里奇奥来说是更好的选择。

面向整个苏格兰的大法庭就在爱丁堡，因此这里居住着许许多多的律师、法官、书记员和警长。另外，那里还居住着一些大富翁，以及专注于写书的大文人。爱丁堡简

[1]英国女王来到苏格兰的皇室住所。

177

直是"现代雅典",那里有太多值得留意的建筑,像是登记所,面积为200平方英尺,圆顶直径为50英尺;还有纪念哲学家杜格尔德·斯图尔特和约翰·普莱费尔教授的纪念碑,以及天文台和施工中的国家纪念碑,后者是为了纪念滑铁卢战争中的英雄而建,此外还有高等学校,这些都坐落于卡尔顿山上。

爱丁堡大学成立于1582年,目前是现代样式的建筑,它的基础奠定于1789年,它在欧洲的名声归功于这里的著名教授,比如里德、史密斯、罗宾逊、卡伦、布莱克、斯图尔特、莱斯利、普莱费尔、布朗、福布斯和其他教授。

最后,还有几个不错的地方,它们分别是斯科特纪念碑、乔治四世的塑像、梅尔维尔纪念碑。另外,英国皇家学会、皇家协会、艺术和制造业发展机构以及古文物研究者协会都在这个地方举行过会议。爱丁堡有许多宏伟建筑,多得根本数不过来。

提到苏格兰,就不得不提一项有趣的运动。布伦茨菲尔德林克斯临近梅多斯,城市居民想放松休闲的时候,有时会去那里进行一项国内最流行的运动——打高尔夫。该游戏需要一把高尔夫球杆和高尔夫球。球杆用白蜡木做成,杆身柔韧性好,呈细锥状,长度三到四英尺不等,可适应球员不同的身高或手臂长度。杆头是盘状,里面装了铅。高尔夫球和网球差不多大小,外壳是由紧紧压缩的坚硬而略带弹性的羽毛做成的。

从发球区开始,人们需要经一次击球或连续击球将球打入洞内,球洞距发球区约四分之一英里,等将球击入规定洞中后,总杆数最少者获胜。每名球员可携带一组硬度不同的球杆,以便根据球洞距离不同,选择不同硬度的球杆。距离远,就选择硬度大的球杆,距离近,则选择硬度小的球杆。一个专业的球员可以将球击到150码以外。据说,曾有人从议会广场击球,将球打到了圣贾尔斯的尖塔顶;还有人曾将球击到梅尔维尔纪念碑上,纪念碑高150英尺。另外,有的高尔夫俱乐部还有专门的球帽和球服。

利斯是爱丁堡的港口。据我所知,它具有宽敞的码头,除此之外它就没什么特别之处了。我听说爱丁堡适宜读书,伦敦适宜识人,可惜我太忙了,在这两个城市时,我既没读书也未识人。

我从这个城市出发去格拉斯哥——苏格兰西方的一座都市。

38 格拉斯哥

格拉斯哥是一个大型城市,制造业和商业很发达。它集利物浦和曼彻斯特的优势于一身,居住着约35万居民。它坐落在克莱德河畔,是苏格兰拉纳克郡的主要城镇,在人口和商业方面,是英国第三大城市。圣芒戈于公元560年建立这座城市,1136年,也就是大卫一世统治时期,为了纪念他,当地建造了一座宏伟的大教堂。乔治·惠特菲尔德曾经在教会墓地向两万人布道。最近大教堂被重新整修了,古老的教会墓地和大墓园形成强烈对比。后者是为了接收过剩人口的骨灰而建的,并没有建立多少年,也叫死亡之城。

格拉斯哥

[1]约翰·诺克斯,16世纪英格兰宗教改革的领导人,创办了苏格兰长老会,是日内瓦"宗教改革纪念碑"四巨人之一。

这个墓园位于贫瘠和多岩石的高处,最高点有著名革命家诺克斯[1]的雕像。雕像在教堂顶上,距离底下河流250英尺。诺克斯反对罗马天主教,雕像之所以保留下来是由于当地一个睿智的人曾经质问:"教堂难道不应该是一个能包容真实声音的地方吗?"

格拉斯哥大学创建于15世纪中叶,是有名的学习圣地,这里培养出的名人就是很好的证明,比如说弗朗西斯·哈奇森[1]、罗伯特·西姆森[2]、托马斯·里德[3]、亚当·斯密[4]等。该市还有一些杰出的人,可能是在那出生或在那成名,如瓦特,蒸汽机的发明者;贝尔,电话的发明者;坎贝尔,诗人;伯克贝克博士,力学机构的创始人;艾莉森,历史学家;约翰·摩尔爵士和许多其他名人。和格拉斯哥其他建筑相比,大学建筑更多以古老而非秀丽出名,不过亨特博物馆是个例外。还有其他一些建筑,其中,安德森大学比较普通,可作为一个公共机构,用处还是很大的;皇后街的皇家交易所是一座高贵而宏伟的大厦;交易所后面是皇家银行;盖特街的十字路口有很多通天建筑,还有一个威廉三世骑马的雕像;格林的法庭和监狱是典型的希腊建筑,而格林纳尔逊纪念碑,高143英尺,是仿照罗马图拉真柱建成的;研究建筑的人还会对疯人院和罗马天主教教堂感兴趣,前者是一座优良的现代建筑,后者则是哥特式建筑。

河流上有一座桥通往码头和港口,码头长1英里多,挤满了来自世界各地的各类船只。就是在此地,蒸汽机首先被有效地应用于航海。站在码头上,可以看到满载商品的船。如果你向周围扫视一圈,将目光投向城市更高处,

[1]18世纪苏格兰启蒙运动奠基人,苏格兰哲学之父。

[2]英国数学家。

[3]18世纪苏格兰启蒙运动时期的哲学家,苏格兰常识学派的创始人。

[4]经济学主要创立者,著有《国富论》《道德情操论》。

你会看到在距离你所站地面约150英尺高的地方有很多桅杆帆船，场面十分壮观。这些船都停在邓达斯港，此港位于福斯—克莱德运河，这条运河连接着东西海域，避免了船只从岛的北边绕道的麻烦。

受地形影响，格拉斯哥的气候比较潮湿。由于工厂排放出大量浓烟，空气里满是煤灰粒。那里砂石建立的房子的外表也因此更加灰暗，不过好在墙厚两英尺，房子坚固又厚实，住在里面也很舒适。

我在格拉斯哥遇见一个睿智的苏格兰人，从他那得到很多信息。他没有说他来自苏格兰哪里。我觉得他说的一段话很有道理，想和你们分享下。"我喜欢和别人交谈。"他说，"人们性格不同，看问题的视角不同，我确信，自己能从他们身上学到一些东西。我认为每个人的思想就像一口井，那些不怕麻烦放下水桶打水的人，一定会有收获。""说得好，苏格兰人！"我心想，"我会一直记着这段话的。"

佩斯利是另一座制造业很发达的大型城镇。城市生产的平纹细布和披肩非常出名。由于距离格拉斯哥只有7英里，也有人把它当作格拉斯哥的一个郊区，或者说是贸易上的附属城市。

格里诺克，距格拉斯哥22英里，位于克莱德湾。曾经是克莱德镇的主要港口，在居民对河进行治理后，它的重要性有所降低，不过现在它仍然处于蓬勃发展中。

艾尔，苏格兰西南部的一个小镇，是威廉·华莱士爵士的出生地,也是诗人罗伯特·彭斯居住的地方。威廉·华莱士的历史众所周知,他生于13世纪,是领导整个苏格兰争取自由大业的英雄。

彭斯的住所

彭斯出生于佃农家庭,并没有良好的教育背景,不过他写出了很多优美的诗篇。尽管是用苏格兰低地特有的语言写成,但其中还是有不少诗被改编成歌曲,大受人们喜爱,广泛传唱于懂英语的地方。其中他写得很好的一首诗是《农民的星期六夜晚》。

自罗伯特·彭斯后,苏格兰还出了另外一位著名的作家——沃尔特·斯科特。据说他是一个朴素、头发灰白的老人,他的腿有一点点瘸,走路时拄着拐杖。他和我一样喜欢讲故事,并期盼能引导年轻人变得善良又睿智。他亲切和蔼，仁慈善良。在许多方面都和我十分相似。

沃尔特爵士创作了大量的诗歌，这些作品受到了各个年龄段读者的喜爱，不过后来他突然停止了写作生涯。一些年间，没有任何人知道他去哪儿了。

同一时间里出现了一位名不见经传的作家，没人知道他是谁，大家称他为"伟大的无名作家"。最后，人们发现这位原本名不见经传的新晋作家就是沃尔特·斯科特爵士。他住在一个叫阿伯茨福德[1]的地方，那是一座十分浪漫的房子，矗立于特威德河畔。

阿伯茨福德豪宅没建造之前，那块地原本很普通。那里本来是一个看上去很矮小的农舍，旁边有一片甘蓝菜园和稀疏的冷杉林，林里树木并不繁盛，附近一个不毛的荒原和几处萝卜园似乎为这片土地更添了一些荒凉。直到沃尔特·斯科特爵士购买下这片土地，成为阿伯茨福德的"地主"，情况才有了好转。他给土地施肥，种植树木，悉心对土地进行规划。最终，那里呈现出一种全新的风貌。

现在，那里的湖泊十分美丽，浪漫的瀑布流经沟壑，林地宽阔，道路铺设整齐，风景如画，随处可见长凳或凉亭，游客可以坐下来，静静欣赏四周童话般的世界。树林里曲径幽长，漫步其间，一星期方能走到尽头，沿途能发现各种美景。沃尔特爵士常常漫游其间，有时他会骑上小马，带上斧子和大剪刀去修剪树木。他拥有顽强的意志力，经常自省，他的脑海里充满着美妙的创意。

[1]在特威德河右岸，属苏格兰博德斯行政区罗克斯堡区。

讲过了土地，我再和你们简单描述下阿伯茨福德豪宅。成百上千，不，可以说成千上万的人都曾去那里拜访。沃尔特爵士名声很大，他的故居阿伯茨福德也因此吸引了很多慕名前来的人。一代天才沃尔特爵士已经躺在坟墓里了，看到他生前的一切，人们不禁感到惋惜。

阿伯茨福德在特威德河附近一座小山下，沃尔特爵士借鉴了各种杰出的建筑风格。他借来罗斯林宫的屋顶，梅尔罗斯隐修院[1]的壁炉架、林利斯戈宫[2]的大门、米德洛锡安监狱的一个后门和爱丁堡收费站的一些物品，仿佛是"碎片补丁般的合成物"。没有建筑像它一样，即使它是"碎片补丁般的合成物"，那也是以最佳的方式组合在一起，哪怕是世上最优秀的建筑师也无法改变一丝一毫而不减损它的魅力。

说起阿伯茨福德的大门，它在距离埃特里克和特威德河交界处1英里外的地方，走出大道后不久就能看见。高大的拱门在四周墙里显得格外醒目。走进去后，你能看到四周高耸的墙壁，一条格子状的道路上悬挂着玫瑰和金银花，一个开阔的哥特式石拱，上面安装着铁网，透过铁网能看见花园，此外，小塔楼、花瓶、水缸和门廊也装饰得很美。感觉灰墙、小塔楼、橡树、榆树、桦树和榛树一起围成了圆形剧场。花园隐藏在林中，从花园各处能瞥见特威德河的景色。

豪宅两端各有一个高塔，互不相同，具有锯齿形山形

[1]位于英国苏格兰边区城镇梅尔罗斯，该地主要景观，现已成废墟。

[2]位于苏格兰东部西洛锡安地区的林利斯戈，曾是苏格兰国王的王宫。苏格兰文艺复兴时期建筑中最宏伟的建筑之一。

墙、扇形墙、护墙、屋檐、极好的排水口和彩绘玻璃窗。另外,它还装着老式烟囱,有大小阳台,雕刻纹章石嵌在墙上,另外还装着一扇华贵大门,用巨大石珊瑚装饰。

要描述完大厅会花费很长时间,里面东西太多了,比如说雕刻的橡木墙壁、盾形纹章和黑白相间的大理石地板。此外还有许多防护罩、带花纹的盾、铭文、武器和盔甲。靠近大厅的地方有一个空间较窄的军械库,里面充满了小型盔甲、剑、火枪、矛、箭、飞镖和匕首。这里还有一对曾经属于拿破仑·波拿巴[1]的手枪。

以下几个地方不得不提,分别是:会客室,由深色橡木雕刻成的屋顶,突出的弓形窗,挂满画作的深红色墙壁;早餐房,从一个方向可以看到特威德河,至于另一个方向,它面对着亚罗和埃特里克山谷;此外,还有昏暗的宗教式走廊。

图书馆是一个珍贵的房间,橡木雕刻的屋顶,里面收藏了许多书籍手稿和古玩。还有一个整洁的书斋,叫作"狮子书斋",沃尔特爵士曾在这里创作,他每次就坐在那把朴素的黑色皮革扶手椅上。这个房间里有各种古董柜和半身雕像,还摆放着照料森林用的斧子、一些相关记录,以及一把高地双刃大砍刀。桌上有木刻的写作盒,内衬深红色天鹅绒,盒子外面是一层银板,似乎很易碎。它应该是爵士本人的物品,但我相信它曾属于意大利王子,因为盖子上印着专属于他的纹章。

[1] 拿破仑一世,19世纪著名军事家、政治家,法兰西第一帝国的缔造者。

就阿伯茨福德整体而言，无论是外部和内部，都值得走远路去看一看，我希望我描绘出了它的大门、塔楼、宏伟大厅、图书馆、雕刻的屋顶和雕塑品的魅力。

远处青山如黛，近处溪水清澈，岸边草坪广阔，四周桦树成荫，环境十分优美。

阿伯丁是阿伯丁郡的首府，位于唐河和迪河以及一所大学之间，因其附近发现的精致大理石而著名。每年有1.2万吨大理石被运往伦敦等地，用于建造桥梁和人行道等等。阿伯丁被称为"北方女王"，是苏格兰第三大城市。阿伯丁大学由国王学院和马歇尔学院两个学院组成。前者成立于1494年，由主教埃尔芬斯通和詹姆士四世所建；后者成立于1593年，由苏格兰的马歇尔伯爵乔治·基思建立。阿伯丁用花岗岩建成的海港也很引人注目。

苏格兰的一些山非常高。第一高山是本·麦克杜伊山，是凯恩格姆山脉的一部分，最高峰海拔4390英尺。第二高山是本内维斯山，位于因弗内斯郡，海拔4374英尺。两山山峰终年积雪。凯恩格姆山高4095英尺，它所处山脉——凯恩格姆山脉——就是它名字的由来。

斯特灵郡的本洛蒙德山高3191英尺，风景迷人，吸引了很多游客。罗梦湖又名洛蒙德湖，是一个迷人的蓝色湖泊，湖水洗刷着河岸。从山顶俯瞰这个湖泊，你会看见很多其他湖泊，散落在山脊和峭壁之间，宛如山海中闪闪发光的华丽珍珠。

苏格兰有几条美丽的河流,其中最重要的是福斯河,流经爱丁堡附近;克莱德河贯穿整个格拉斯哥;泰河在珀斯[1]附近流淌;特威德是一条小型河流,但它流过一个美丽的乡村,构成苏格兰和英格兰边界的一部分,沿岸景色迷人,十分引人注目。

苏格兰还有几条运河,前面谈格拉斯哥时,我提到过其中之一,从格拉斯哥流到爱丁堡,连接福斯湾与克莱德河。另一条是因弗内斯的喀里多尼亚运河,连接了因弗内斯和大西洋,位于穆雷弗里斯和林尼湖之间。

苏格兰有一些铁矿,其中,最著名的位于福尔柯克[2]2英里外的卡伦。各种各样的铁器都在这里生产,尤其是盆、锅、平底锅和壁炉等等。这个地方是著名的大炮铸造厂,每年都制造数百件大炮,包括一些大口径短炮。卡伦村近年来发展迅速。在发现铁矿之前,此地不过是一片荒野,现在已房屋林立。

福斯湾附近原本有一处煤矿,人们从中开采了大量的煤炭,在岩石中挖矿坑,甚至延伸到了海底河床。但是后来刮起了暴风雨,汹涌的海水不停地撞击海岸,渐渐地,海水冲出了一条通道,灌进矿洞后倾泻而下,淹死了洞里所有的工人。

戴萨特位于爱丁堡北部16英里处,有几处煤矿,有的煤床已经燃烧200年了。烟雾和火焰有时从地缝中喷发

[1]英国苏格兰东部城市,位于旧时英国苏格兰中部的珀斯郡。

[2]苏格兰中部的一个城镇,它分别位于苏格兰两大城市爱丁堡和格拉斯哥的西北和东北,是苏格兰第五大城市区。

出来,地表是如此炎热,以至雪下到上面瞬间就融化了。在英格兰的某些地区,也发生着同样的事。

苏格兰还有很多其他煤矿,该国南部地区,特别是在格拉斯哥附近,煤矿似乎取之不尽,用之不竭。苏格兰曾挖掘出过黄金,现在依然能发现一点黄金,但并没多到能吸引人去寻找。还有几处铅矿分布在拉纳克郡[1]的利德希尔,人们在那里开采了大量的铅。

39 赫布里底群岛

赫布里底群岛位于苏格兰西部海岸,这些岛上几乎没有树木,沉闷而荒凉。海岸多分布着岩石,汹涌的大海不断发出怒吼,环绕在岛屿上空。

成千上万的人生活在岛上,住着低矮的小屋,以捕鱼、捕鸟和加工海草灰为生。

人们将海藻大量聚集在海岸上,放火烧制,然后把制成的海草灰运到英格兰,用于制造肥皂、玻璃和其他东西。我还从那带回来了一些海草灰。

众多海鸟栖息在群岛的岩石上。它们在峭壁和悬崖上搭窝,鸟窝看起来仿佛悬在海上,有的甚至挂在海拔好几百英尺的悬崖上。

路过的鸟类数目惊人,有时看起来就像一朵云,绕着山峰盘旋,还有些时候,成群的鸟飞得很低,看起来就像在下大雪。

在这些荒凉的岛屿上,人们只能种植少量粮食,也很难养牛,他们只能在海里捕鱼,或捕一些鸟。即便如此,他们也常常吃不饱,有时只能吃海藻充饥。

捕鸟活动

在这种状况下,岛上的居民只好想尽法子捕捉野鸟,夺取鸟蛋。他们常常需要在悬崖边缘活动,假如有人看见他们在高耸的悬崖边,一定会担心一阵清风将他们刮跑,使他们掉下悬崖,命丧大海。

捕鸟的危险远不止如此。岛民得用绳索把自己的身体绑起来,手上拿着一张小网,让同伴拉着绳索将他从岩石顶部放下去,再停在一个适合捕鸟的地方。

有时,他们得进入岩洞里,那里有许多鸟蛋和幼鸟。有的岛民甚至晚上还得举着火把进去,趁鸟疲惫睡着的时候捉住它们。

圣基尔达是赫布里底群岛中最显著的岛,它长约3英里,岛上有几座高峰,高峰间坐落着深邃的峡谷。岛屿部分土地很肥沃,居住人口约150人。四面环海,与世隔绝,无论春夏秋冬,居民们都安居在那里。

我几乎不敢想象在这样的地方生活是什么感受,但那里的居民十分满足。他们不怕乘船出海捕鱼,他们也敢冒险爬上陡峭的悬崖捕鸟。

如果你站在圣基尔达高峰,朝东望去,你可能会看到赫布里底群岛其他岛上的一些山峰,但北部、西部和南部只有一望无际的海洋,偶尔还能看见一些鲸鱼喷着水柱,或者是一些在大西洋上孤独行驶的船。但假如向下看去,就会看到可怕的景象。脚底下是一个近乎垂直的悬崖,巨浪拍打着岩石,甚至能听见海浪细微的声音。

此外,还可以看见在岩石边徘徊盘旋的上千只鸟,它们偶尔掠过大海,那些翅膀长6英尺的鸟看起来只有燕子那么小。间或还能听到海鸥粗哑的叫声,在海浪停止怒吼的空隙间,总能听见成群的鸭鹅的叫声。

从这个悬崖往下看,一般人肯定会头晕目眩,无比害怕,可圣基尔达居民无畏地攀着岩石,爬上高峰,再绑上绳索,在崖边捕鸟。

这已经成为他们的绝活,很少发生意外,他们经常一整天都在悬崖边寻找鸟蛋或捕鸟,晚上再安全返回家中。

不过也难免发生意外。有时,登山者脚下的岩石可能会松动,又或者落下一块石头砸中他,使他掉入大海,沉没其中,不过这种情况很少发生。

在赫布里底群岛、奥克尼群岛和设得兰群岛,捕鸟工作都一样危险。为了吃上一顿饭,这些人不惜攀上高岩捕鸟,每次想到这点,我就无比感恩自己有这么多食物可吃。有时候,我们可以想想别人遇到的那些危险和困难,也许就会意识到自己的烦恼根本不算什么,也会更感激自己拥有的一切。假如我只能以捕鸟为生,系着一根旧绳子,攀在1000英尺高的悬崖上,那该有多可怕,我简直想象不出这样的场景。我们要珍惜粮食,懂得感恩。

我不打算在圣基尔达停留太长时间,于是我出发去芬戈尔洞穴。下面我们就来聊聊它。

⑩ 斯塔法岛

斯塔法岛是赫布里底群岛里一个非常小的岛屿,海岸线全长仅1.5英里,那里的玄武岩柱很有名,芬戈尔洞穴就是一个典型代表。这个宽大洞穴位于海边悬崖峭壁之间，长250英尺，洞穴入口宽53英尺，越往里走越窄，尽头非常窄，仅20英尺，高度在70—117英尺不等。洞两侧由玄武岩柱支撑，顶部岩石看起来仿佛是拼在一起的。洞底很深，直到海下，乘小船也可以进入洞穴。岛上也有其他类似的洞穴，不过没芬戈尔洞穴那么大，有些柱状岩石弯弯扭扭，看起来非常奇怪。

赫布里底群岛居民讲的不是英语，他们和苏格兰高地的人一样，讲着盖尔语[1]。

他们和岛外居民交往甚少，年复一年都生活在黑黑的烟熏小屋里，说着古老的语言，保持着悠久的风俗习惯。然而，他们绝不愚昧，他们用盖尔语创造了朴实优美的歌谣。

下面再聊聊苏格兰北部的奥克尼群岛，彭特兰湾将岛屿与苏格兰大陆分隔。群岛包括大约38个小岛，一半以上的小岛贫瘠荒凉，没有人烟，只偶尔在某些地方能看见羊群在吃草。

西部海岸有许多奇形怪状的险峻岩石。和赫布里底群岛的人一样，这里的居民也从事着危险的捕鸟工作。岛屿上有一些人生活还算富裕，拥有宽敞的石房子，不过大部分居民还比较穷，生活在简陋的小木屋里。岛民比较无知，崇尚迷信。虽然他们讲英语，可是说得很奇怪，令人难以理解。

[1] 包括苏格兰盖尔语和爱尔兰盖尔语，此处指苏格兰盖尔语，是苏格兰最古老的语言，公元3世纪前后出现，5世纪罗马结束对英国统治后，盖尔语成为苏格兰大多数人使用的语言，19世纪后，它逐步退出教育及公众生活领域。

奥克尼群岛位于苏格兰陆地以北，两地相距很远，与哈德逊湾[1]和加拿大东部的拉布拉多[2]在同一纬度上。北美地区十分荒凉，一年的大部分时间都会遭受寒冷冬风的入侵。奥克尼群岛的气候和北美很相似，只是更湿润，暴风雨也更频繁些，汹涌波涛的咆哮响彻岸边。

冬天很长，中午太阳接近地平线，会让人误以为快到傍晚了。太阳总是隐藏在云层后面，一、二月份的风暴很多，常常电闪雷鸣。

再往北是设得兰群岛，这些岛屿上山脉与峡谷错落，完全没有树木，从远处看，会误以为它们是光秃秃的岩石。不过这些岛上生活着成千上万的人，主要从事渔业和农业。他们虽然知道的不多，也自得其乐。和奥克尼群岛居民一样，这里的人也讲英语。

设得兰群岛的气候比奥克尼群岛还要严峻。冬季漫长而沉闷，经常有猛烈的暴风雨，这也导致数月都没有船来岛上，在这段时间，岛上居民也不启程去外面，所有人都处于与世隔绝的状态。

白天，阳光显得十分昏暗，可是到了晚上，月亮和星星照耀着独特的光彩。那里的北极光也更明亮耀眼。我还想和你们聊一下苏格兰其他的一些地方，之后我们再谈苏格兰以外的地区。

41 一个可怕的传说

说到苏格兰高地，就绝对不能不提瀑布，在那里，一路上能遇见很多瀑布。我一直很喜欢瀑布，我可以坐在石头上好几个小时，静静看着悬挂的瀑布，凝望溅起的水花。以前，我头脑清晰，手脚灵活，不过我现在已经老了，在危险的地方需要格外当心。

我还去了佩思郡的阿伯费尔迪村。一条风景如画的河流从村子里经过，且很多瀑布都汇入了这条河流。还有块200多英尺深的谷地，林木葱郁。远看，河流两岸树木似乎连为一体。一些小溪从谷底东边流下来，形成了瀑布，水流共长80英尺。瀑布底下有一汪清澈的湖水，溪流穿过染上青苔的黑色岩石，泉水淙淙，极其悦耳。

冷杉斑斓，榆树笔直，榉树茂盛，一起营造出美丽的景色，对岸细长的水曲柳树枝优雅地垂于水中。岩石嶙峋，上面爬满苔藓，有的还垂挂着蕨类植物，为瀑布再添一层美。往前走几步，又是一排瀑布，总共100英尺长，十分壮观。最后的那个瀑布高50英尺，附近有一座简陋的桥梁。我特别喜欢这里！

如果不是水流过于稀少，福耶斯的齐瓦科瀑布绝对也会非常出名,那里树木繁茂,河流深且窄,十分浪漫。

因弗内斯郡有一条湍急的河流,距离斯图依5英里左右,河流从峡谷倾泻而下。途径之处多是可怕的荒野,许多走私者定居在那里的小屋。吉尔莫拉克瀑布虽然不像大多数瀑布那么深,但是宽度长,水量大,加上四周岩石高耸,两岸和崖壁上树木青葱,风景优美,也十分著名。

经常能看见一些鱼试图飞越瀑布,居民往往趁机逮住它们。对鱼儿来说,这实在是太冒险了,不过它们好像乐此不疲。人们在棒子顶部紧紧固定住一个长矛头或钩子,然后用它来捕鱼。许多身手矫健的高地人也在用叉子捉鲑鱼时丧了命。据说,以前有位老领主叫洛瓦特,他住在瀑布附近的博福特城堡,捕鱼时,他想了一个特殊的方法来防止鱼儿逃跑——将鲑鱼扔进装满热水的水壶。

珀斯郡的科姆里村附近流淌着一条小溪,水流湍急,名为"汩汩嗡嗡溪"。很奇怪的名字,是不是?它流经长长的峡谷,在峡谷尽头落到了一块大岩石上,再沿着岩石落下,水流倾斜地飞出去,最后一头扎进了一片宽阔的深池,池边有一些凸出的岩石,铺满苔藓。池塘看起来像是凹着的,池水黝黑,被称为"魔鬼的锅"。

福耶斯的瀑布位于奥古斯塔斯堡附近,如果能一睹其风采,哪怕走100英里的路去看也值得。福耶斯河流进一个深窄的峡谷,水流从30英尺高的地方沿着岩石奔腾而下,就此形成一道瀑布。瀑布下面是一条深河,布满岩石。河流浪花四溅,奔腾向前。然后,它穿过一条狭窄的沟壑,落到90英尺下的地方,瀑布主干甚至下落212英尺。

瀑布水流奔腾而下,连地面都颤抖了。附近有光秃秃的岩石、各类树木、雷鸣般的喧嚣、光泽亮丽的瀑布、飞起的水波和泡沫,天空往往还会出现一道靓丽的彩虹,这一切一起呈现出无与伦比的美景。

苏格兰高地有很多圆石阵、巨石奇观和石堆,很难一一弄明白这些物品的具体用处,不过至少可以确定大部分石堆是墓地。在一些石堆里发现过古瓮,里面很可能装着先人的骨灰,有些地方还发现了一些骷髅。堆起石堆无疑是为了纪念各种事物。现在,已经很难分辨哪些是墓地,哪些不是了。当地人告诉我,他们表达尊重的一种常见方式就是对别人说:"我会在你的石堆上添一块石头。"

从苏格兰高地的一头去往另一头的话,经常需要穿过一些狭窄的小道。艾弗小道附近的景色极其壮丽,曾有两个部落因领地之争,在此进行过一场血腥杀戮。

还有一条山间小道很危险,人称"野猪巢穴",以前强盗经常出没于那里。这条山道有时会积雪,路面很滑,行走艰难,甚至比遇上劫匪还危险些。除了这条小道,强盗也时常出没于从格兰扁山脉到地势较低处的各条道路上。

基利克兰基是布莱尔阿索尔附近一条著名的山间小道。小山旁边流淌着一条小河,山岩近乎垂直,四面都高几百英尺,山上长满了白桦树,白桦树枝在风中瑟瑟摇曳。高地上发生的恐怖冒险不计其数。下面,我就从中挑一个和你们讲讲。

大约200年前,格伦盖瑞的长子安格斯突然袭击了麦肯齐这个国家。返回途中,他遇到了一群麦肯齐人,不幸被杀。过了一段时间,格伦盖瑞派出艾伦带领一群勇猛的手下为死去的安格斯报仇。一个星期天的早上,艾伦带着部下来到罗斯郡的尤瑞教区,放火焚烧了那里的一所教堂,并阻断了逃生之路,教堂里面的人都葬身火海。

教会的火焰引起了附近居民的注意,格伦盖瑞派出的那些人几乎都被捕了。逃跑时,艾伦被逼到了一个又深又宽的裂壑边,他奋力一跃,跳过了沟壑。一个麦肯齐人紧随其后,但他必须得依附悬崖边的桦树树枝才能到达裂壑的另一边。艾伦发现了这个事实,于是他转身拿起匕首砍断了树枝,这位麦肯齐人也随之跌下了可怕的深渊。

这已经够糟糕的了,但故事到这还没有结束。打败了敌人后,麦肯齐人自认为没危险了,于是他们聚在一个大房子里庆祝。不料敌人余党围住房子,放了一把火。结果,37名男子葬身火海,他们之前残忍地对待对手,夺取了对方的性命,现在自己也落得不好的下场。

俗话说恶有恶报。你施加于别人的恶行终有一天会回报到你身上。我建议你们追寻安静平和的生活,不要让愤怒和复仇之心控制了自己。下面我们来谈谈一个强盗的洞穴,以及强盗罗伯·罗伊的故事。

42 野蛮的强盗

以前，苏格兰有很多强盗，许多有钱的人都会向他们付一笔保护费，这样就可以避免遭到打劫。只要当事人付了钱，就不会被抢。假如你住在苏格兰，还饲养着一群牛，毫无疑问，为了保护自己的财产，你一定也会愿意向他们交保护费的。

强盗的洞穴在贝尔维尔西南方大约2英里外，在因弗内斯郡金尤西附近的一条古道上。许多可怕的强盗先后都在那里出没过。

曾有一伙强盗经常光顾克兰·米克·吉利纳加这个地方。他们在周围地区进行掠夺，受害最深的就是麦克弗森部落。可是麦克弗森部落一直找不到这伙人的据点，后来终于有一个麦克弗森人发现了强盗窝。事情是这样的，那个人觉得一个貌似很可怜的乞丐和那群强盗有联系，于是去了那个乞丐的小木屋。他装成一副生病的模样，刚开始的时候他被拒之门外，最后由于他看上去似乎病得很重，也很疲倦，最终被允许进了小屋。这个主意是不是很棒？其实小屋下面有个地下室，强盗们就在那里藏身。夜晚来临时，那个麦克弗森人假装睡着了，很快，强盗们就从藏身之处出来了,他们举行宴会,庆祝最近的收获,还谈论了第二天的计划。然而,那个麦克弗森人并没有给他们实施计划的机会,他偷偷逃出小屋,召集族人,一起用大刀砍死了这伙强盗。

苏格兰到处充满冒险,还有另一件可怕的事。爱兹城堡是巴德诺赫伯爵的居住地,也是卡明斯家族的大本营。其中有一个伯爵非常嫉妒麦金托什的领主,于是他计划谋杀他和他的主要同伴。为此,他邀请他们参加一个宴会,并安排两个家族的人穿插着坐在一起,每一个麦金托什人旁边都坐着一个卡明斯人,他事先和同伴们约定好,只要侍从端上野猪头就开始行动。但麦金托什的领主早就发现了这个阴谋,野猪头刚被端上来,所有麦金托什人就将匕首插进一旁的敌人的胸口。

苏格兰有一些美丽的原始风景。一些山脉高耸入云,由血红色花岗岩构成。树木向经过山脚的河流投下一片又深又暗的绿荫,河畔的一些小村庄因此很少见到阳光。在相隔较远的岩石间,到处都分布着小块耕地和小屋。山坡上也有林地,河水在两岸孕育了不同品种的树,如桤木、花楸和桦树。欣赏风景时,有人给我指了一条小道,那里出没的强盗经常把牛群吓得四处逃窜。

罗布·罗伊是一个有名的强盗。有一次,蒙特罗斯公爵带领的一帮人逮住了他,一个叫格雷厄姆的人把他捆起来,让他跟在后面。当他们经过一个满是碎石的山坡时,罗布·罗伊说服格雷厄姆替他松绑。可格雷厄姆一解开绳子，他就逃到河对面跑了。罗布·罗伊后半生经常去洛克韦尔的富人区打劫。他的坟墓位于巴尔奎德，处在湖的低处，距离主干道两三英里，我顺便去参观了一下。

苏格兰的泰湖附近坐落着一所教堂，院落里有棵紫杉树。100多年前，还只有一个树干。经测量发现，树干外围长 56 英尺。不过现在树干看上去仿佛有两个，较大的树干内心中空，外围长 32 英尺。据考古学家说，这个紫杉树有超过 2000 年的历史。现在我已经告诉了你们很多关于苏格兰的事情，希望你们不会忘得一干二净。在未来的某一天，也许你们会有机会亲自去苏格兰看看。不过我应该不会再去了。

43 亲临爱尔兰

爱尔兰通常被称为"翡翠岛"，岛上的居民都很热心，他们让我感到很亲切。当我第一次踏上爱尔兰的土地，我就觉得无比亲切，离开美国后，这是我第一次有这种强烈的感受。

都柏林是爱尔兰首都。利菲河流入都柏林海湾，河上建着两座主要的大桥，把城市分成大小几乎相同

的两部分。都柏林历史悠久,是座古城,古时候被称为
"渔港镇"。

郊区很贫穷,人们住在破落的茅屋里,居民也非常贫
穷,吃不饱穿不暖。这里制造丝绸、生产羊毛和棉花,也
进行着其他贸易。

都柏林

都柏林湾是最好的海湾之一。为了加强它作为海港
的作用,让它容纳下更多船只,人们用巨大的花岗岩建成
了3英里长的码头,码头尽头设了一座灯塔。都柏林对外
交易很少,主要是与英格兰——尤其是利物浦进行贸易。
在城市3英里以外的地方,有一个"鸽子楼"堡垒和一座宽
敞的码头。在我的印象中,这个城市虽然很美,可它的港

口并没有太大优势。北部和西部的山脉虽然较平缓,不过南面矗立着一座高耸的山峰,巍峨挺拔,直冲云霄。

都柏林有好几所大学,学习氛围浓厚。这里的居民坦诚率直、热情大方。不过正如我之前所说的,这里也不乏穷街陋巷。如果你有机会去那里的话,记得去梅里思广场、格拉夫顿街和学院绿地看看,再去萨克维尔街、威斯特摩兰和拉特兰广场走走。对了! 也不要错过加德纳街道和蒙乔伊广场,你会发现,即使和任何同类场所比,这些地方也绝不逊色。

都柏林还有5个非常漂亮的广场,我听说其中的斯蒂芬绿地外围长1英里,绿地中央立着一尊乔治二世的雕像,他骑在马背上,甚是威武。

都柏林有很多公共建筑,这些大厦不仅数量多,还都非常华贵。城堡、交易所、海军大楼、爱尔兰银行和四法院几个地方都值得一看。那里的大教堂、小教堂、学校、医院和其他慈善机构,让人心中不由升起一股自豪感。说句真心话,在伦敦、爱丁堡和都柏林的时候,我感觉那里的人都是我的同胞。因此,看到他们贸易蓬勃发展,大厦典雅庄严,机构正直高尚,我也分外高兴。

圣帕特里克大教堂神圣庄严,说起来恐怕得费一些工夫。教堂的十字形翼部、唱诗班和管风琴都很独特;墙壁和镶板的走廊上挂着剑、头盔和圣帕特里克的骑士的旗帜;橡木雕刻的台子上摆满了各种徽章和金色的小型人物雕像。罗马天主教的教堂数量最多,贵格会、摩拉维亚教会和卫理公会也有各自的宗教场所。安街和交易街的礼拜堂也十分优雅别致。

皇家都柏林协会和一些院校为这座城市赢得了极高的赞誉。来到都柏林,绝对不能错过这些地方。

凤凰公园简直美不胜收,我在那里散了会步,很喜欢里面的动物园。都柏林拥有宽广的海湾、运河、大峡谷与铁路,它们不仅为其增色不少,也有利于贸易往来。

都柏林人的温暖和友好让我倍感亲切,我多么希望能在那里多停留一些时日,可惜行程匆忙,我不得不赶去下一个地点。我衷心祝愿都柏林能永远繁荣昌盛。

科克是爱尔兰第二重要城市,贸易发达,港口总是挤满了满载货物的船舶。贝尔法斯特是爱尔兰北部的主要城市,有一个良好的港口,贸易相当发达。德罗赫达是一个重要小镇,位于博因河河口,1690 年 7 月 11 日,著名的博因河战役[1]就发生在河流一两英里外的地方,当时詹姆士二世完败,威廉三世就此夺取了王位。为了纪念这件事,那里竖立了一座美丽的方尖碑,高约 130 英尺。

爱尔兰的主要制造品是亚麻布,质量非常好,英格兰用的亚麻布大多产自爱尔兰。贫穷的爱尔兰人住在茅屋里,屋子很简陋,仅一层,往往只有一个房间,用泥土和茅草搭建,没有铺地板。爱尔兰农民几乎家家都养了一头猪,这头猪往往和农民同吃同住,房租和养家糊口的费用

[1] 争夺英格兰、苏格兰、爱尔兰王位的两个君主——天主教国王詹姆士和新教国王威廉,于 1690 年在爱尔兰博因河进行的一场战役。

主要依赖养猪赚的钱。

一位旅行者参观爱尔兰小屋时表示很惊讶，他没想过猪竟然能享受到和人一样的待遇，主人回答说："我们可是依靠它来付房租的，自然不能请它出去。"爱尔兰不同地区养殖大批牛羊，很多人养鹅是为了它身上的羽毛，人们经常把鹅身上的羽毛活生生地拔下来。鸡、鸭、鹅这些家禽，甚至牛也常常和农民住在同一屋檐下。农民的主食是土豆，经济条件允许的话，有时候还会搭配牛奶。

爱尔兰人民勇敢无畏、热情好客、活泼欢乐、坦诚直率。下层人民比较好战，往往成群结队，不会单打独斗。如果受到了伤害，他们就会叫上同伴，携带着棍棒和石头一起去进攻。似乎不和别人打一场，他们就浑身不对劲。爱尔兰各大城镇和村庄每年都会举行集会，不过最后总以大混战的局面收场，在场的人都很乐意参与。爱尔兰有很多奇异的习俗，举行葬礼的方式就是一个典型代表。他们会邀请死者所有的邻居和朋友，招待他们吃大鱼大肉，尽情舞蹈，还做一些其他的娱乐活动。他们还雇妇女来参加葬礼并朝着尸体大声号叫，好像要唤醒逝者一样。

爱尔兰开采了很多矿区，像是铁矿、铜矿、铅矿和煤矿，甚至还挖出了一些黄金，但是产量并不是很大。

最奇怪的莫过于巨大的泥炭沼泽，这种沼泽覆盖了爱尔兰岛大部分地区。那里原本是广阔的森林，很久以前，树木倒下，最后演化成沼泽，人们经常能在地表下不同深度发现埋藏的树干。农民从沼泽里挖掘出泥炭或草皮作为燃料，它们比煤便宜得多。一些沼泽的泥炭表层下聚集了大量地下水，导致沼泽可以移动，有时地下水会突然冲出来，结果淹没了周围的地区。

44 巨人堤

爱尔兰北岸有一个巨大的天然石堤——巨人堤。它由类似于斯塔法岛的玄武岩石柱聚合构成，石柱紧密贴合在一起，连小刀都很难插进去。该石柱是由黑色岩石形成的，几乎和大理石一样硬，还有五个不相等的边。石柱其中的一端是凹着的，恰好可以和相邻石柱的凸出部分契合。每一块石柱都是如此，因此一个个都完全结合在一起，连接处几乎看不到缝隙，给人感觉石柱原本就是那么长，而非拼接形成。此外，还有其他一些类似的石堤。附近还有两处令人瞩目的洞穴，又高又深，底部积满了水，可以乘船从海上进去。

总督、总理和其他部长共同治理爱尔兰，总督定居在都柏林。公元1800年前，爱尔兰有独立的议会，1800年后，爱尔兰议会和英格兰联合，爱尔兰输送32名议员到上议院，选举105名成员到英国下议院。

　　我在爱尔兰待的时间不长，所见所闻有限，不过，我会尽量和你们多介绍的。对了，除了利菲河和博因河，爱尔兰还有其他几条河，分别是香农河、黑水、舒尔河，巴罗河和努瓦尔河。

　　爱尔兰分布着许多湖泊，我主要游历了基拉尼湖。我一直很喜欢爱尔兰，可能与我的一个爱尔兰朋友有关，他来自卡里克弗格斯——爱尔兰安特里姆郡的一个海港。他热情善良，我们经常一起愉快地漫步在树林和田野间，也一起辛苦地工作了许多日子。由于他对一切都跃跃欲试，充满热情，我给他取了个外号叫"热情"，他认为我坚忍又不屈不挠，于是给我取了一个外号叫"沉稳"，"热情"和"沉稳"是一对好搭档。

　　爱尔兰长久处于动荡之中，我由衷希望她以后安享繁荣与和平。我希望那里法制健全，统治者能体恤民情，人民就业有保障，然后，也希望那里少一些党派斗争，彼此间多一些关怀，这样，爱尔兰人会过得很高兴的。

　　现在，我已经一一描述了英格兰、威尔士、苏格兰和爱尔兰，也简单介绍了它们的管理方式，还有比较显著的事物和地方。我想再说一些其他的事，然后，我会和你们讲述英国的一些历史，之后，我的故事也就讲完了。

45 野蛮与文明

也许你们从来没有意识到,有用的发明为我们带来了多少便利。

人类最需要的是什么东西?答案很简单:食物。在野蛮或未开化的时期,人类主要以狩猎得到食物。在英国古代,人类还未开化,他们只能通过打猎得到食物,但文明人不需狩猎就能得到食物,他们可以犁地、播种、种植玉米,也能驯养动物。所以说,凡事要多动大脑,不能蛮干。

对人类来说,什么东西第二重要?答案是服装。野蛮人要么不穿衣服,要么穿着兽皮,但文明人懂得编织亚麻和羊毛,会制作布。如果野蛮人能得到布,你认为他们还会穿兽皮吗?不,绝对不会。

第三重要的东西是可供居住的屋子。古代的英国人居住在棚屋或洞穴里,但如果他们知道如何建立房屋,他们也不会这么选择了。我习惯了住在自己舒适的小房子里,想要做什么都很方便,如果要我去住山洞或棚屋,我一定不会适应。有空时,你们可以认真观察下家里摆放的所有物品,然后,你会深深庆幸自己没有生活在远古时期。

野蛮人需要钻木取火，由于化学的进步，现在只需一盒火柴，我们就可以瞬间获得光源。在古代，英国人不铺地毯，没有椅子可坐，也没有床可躺。他们对锅子、水壶、烤箱等一无所知，也不知道刀子、叉子、勺子、盘子等餐具是什么，更别说蜡烛、烛台以及蜡烛套盖了。现在，我们享受着这些发明带来的舒适，甚至已经离不开它们了。它们使我们的生活更方便，我们应该感激它们，不是吗？

你们还很年轻，有些东西可能还用不上，比如说老花镜，虽然它对你们没有用，但对我来说它必不可缺。随着年龄增大，会发现有很多值得记录下来的东西。当你老眼昏花时，眼镜又给了你一双明亮的眼睛，透过镜片，你能看清外面的世界。眼镜分为老花镜和近视眼镜，此外，每个人眼睛的度数不同，需要戴不同的眼镜。因此，你们如果戴上我的老花镜是看不清东西的。

古代英国人对眼镜一无所知，他们对我下面要提的发明也并不了解。你们应该都知道时钟和手表能告诉我们时间。手表相当于小时钟，时钟无非是大一点的手表。报时的钟声敲响时，手表也指着同一时刻。时钟在齿轮的推力作用下走动，齿轮通过钟摆调节；手表的齿轮则是依靠表芯中上紧的发条转动，发条推动齿轮运转，以此使指针走动。钟表出现之前，人们依靠日晷来计算时间，但太阳落山后，人们就无法知道具体的时间了。钟表最初被发明时，无论白天黑夜，都能告诉我们时间，不过晚上得点蜡

[1]位于法国的东南部，是座历史悠久的古老城市。

[2]位于法国巴黎西南郊外的凡尔赛镇，是巴黎著名的宫殿之一，也是世界五大宫之一，1979年被列入《世界文化遗产名录》。

烛看时间。人们后来改进了时钟，使时钟能报时，这样，即使是夜晚躺在床上，也可以知道是几点了。

500多年前，英国首次引入时钟。法国也有两个著名的时钟，分别摆在斯特拉斯堡和里昂[1]两个大教堂里。法国凡尔赛宫[2]曾经也摆放着一座钟，十分出名。每天早上，两只公鸡打鸣后，时针就会报时，非常准。

我还要和你们谈谈一个他们进贡给中国皇帝的时钟。时钟被打造成战车的模样，里面刻着一个美人雕像，人像仿佛坐在车上，雕像下面是一个小时钟，和硬币差不多大，每上一次发条就可以连续工作8天。女子的手指上立着一只鸟，只有1英寸的十六分之一那么大，身上镶着钻石和红宝石。鸟儿展着双翼，由于车上专门的一个装置，鸟儿每隔一段时间就会扇动几下翅膀。女子像的头上撑着一把伞，她的脚下蜷着一只金犬。

以前，伦敦的圣邓斯坦教堂有一面时钟，需要两个人拿着巨大的棍子敲击时钟报时，吸引了很多外来的人争相参观，不过后来老教堂拆了，在原地重建了一座新教堂，钟就被取了下来。

一般家庭里可能还摆着另外两样物品，不过没有钟表那么常见，它们是气压计和温度计。你们可能见过这两样东西。气压计能告诉我们气候状况与天气变化。测量气压主要是通过一根垂直试管，试管处于一个装满水银的容器里，而试管里也有一个水银柱。空气干燥时，容器里的水银就会受到压力,试管里的水银柱会上升;反之,天气湿润时,试管里的水银柱就会下降。

通过这种方式,任何一个人都能通过气压计上的数字观测到大气状态,并判断天气会变得潮湿还是干燥。这是不是很奇妙?

同样,爬山的时候带上气压计的话,就能估测出自己大概爬了多高,越高的地方气压就稀薄,水银就会越往下降。

无论身处何地,温度计都可以告诉你冷热程度。下面我来解释下原理。水银和酒精受热后会有所膨胀,比冰冻时占更大空间,这也就是所谓的热胀冷缩。往一个球里装满酒精或水银,在里面放上一根细管,管子下开一个小孔,当空气比较冷的时候,水银会保持在球里,一旦温暖起来,水银就会由于热胀冷缩的原因注入细管。

古代英国人从来没有用过这两种装置,直到文艺复兴后才发明出这两样物品。

讲了这么多,希望你们没有把前面的内容忘了,记不住全部也没关系,不过可不要忘光了。知道得越多越好,但愿你们能学以致用。记住,要做一个善良的人,不要做坏事。我活了很久,也经历了很多事,我更加相信有时高尚的德行比优秀的才华更重要,希望大家努力做一个德才兼备的人。

有用的发明还有很多,下一章我将继续和大家聊一聊这个话题。

46 另一些重要发明

再简单介绍一些光学仪器、蒸汽机和其他东西。我相信不需要对显微镜做许多说明，这种仪器里装置了几种不同的透镜，只要调节好焦距，就能将非常小的物体放大，比用肉眼看到的更清楚。

望远镜能使我们看清远处的事物。大型望远镜可以用来观测宇宙天体，而小型望远镜可以用来看远处的船、山和其他物体。

我曾透过一个显微镜观察小虫子，虫子在镜片下显得足足有10英尺长，我也用望远镜看过月亮。假如月球表面有房屋和活动的生物的话，也都可以看得到。

现在，我们来了解一下蒸汽机。有机会的话，你们可以观察它的一些特殊部件：

汽缸里装有一个可移动活塞，打开蒸汽机一个阀门让锅炉里的蒸汽通过活塞充满汽缸。水蒸气会推动活塞上升，当活塞到达顶点时，另一个阀门打开，开始喷射冷水，当冷水进入使蒸汽冷凝时，活塞又会下降。

瓦特先生出生于苏格兰的格里诺克，是他极大地改良了蒸汽机,制造出了第一个真正意义上的蒸汽机。他在汽缸顶部固定了一个盖子,使活塞在气缸之内做反复运动。他使蒸汽交替出现在活塞上下,迫使活塞上下移动。他还将活塞杆固定到一个横杆中间,平衡两端,上下交替着移动横杆。技工转动轮子,抬起控制杆,使机器发力。横杆的另一端由一支连杆紧固到曲轴上,曲轴连着飞轮和传动轴,连杆会带动飞轮旋转,往复运动就此变为圆周运动,而飞轮反过来又带动换向阀,改变活塞进气与排气的情况,机械自动换向,使机器维持运作。

蒸汽机能产生惊人的力量,用途广泛。你们还记得我之前提过的蒸汽火车吗?现在在英格兰、苏格兰、爱尔兰以及欧洲大陆的许多地方,路上主要的交通工具就是它。

除了陆地,蒸汽机也同样广泛应用于海面。现在,已经出现了很多蒸汽小船,它们已经和听话的孩子一样易于管理。这些船只上搭载的人群数量很多,一定会令你们大吃一惊。

你们放过热气球吗?火使球内的空气比外部稀薄,在气压的作用下,热气球会上升。我看到过一些精致的热气球,用丝绸制造,外面覆盖着网,里面充满了气。和平时我们比较常见的气球一样,只是填充空气的方式不同,下面我就告诉你们一个充气的方法。

将水和硫酸以一定比例混合在一起。之后,将混合物倒在铁容器里,煤气上升进入热气球,这会使热气球里的空气比一般空气轻 12 倍,因此热气球最后能升得非常高。现在一般用常见的煤气来使热气球上升。1784 年,英格兰首次成功放飞热气球,当时,一个叫卢纳尔迪的人乘着热气球升空,一起的还有一条狗、一只猫和一只鸽子。听说一个叫格林的人曾把热气球制造成汽车的模样,他坐在上面升上了高空。我还听说,曾有人乘热气球横跨英吉利海峡,从英国多佛去了法国加来。

磁石也是一个奇妙的发明。过去,海上的海员担心看不到陆地,害怕找不到方位,因此他们不会航行很远。现在,他们已经可以航行于世界各地。人们发现不去触碰磁石的话,自由悬浮的磁石总是会指向北方。因此,只要携带磁石,水手在海上就能随意选择适合的行驶路线。

[1] 非地磁北,而是地理上的北极,地球表面北部的极点。由于地球的磁场两极与地理上的南北两极不重合,因此指南针指示的北为磁北而非真北。

把磁针安放在盘面上,装在一个玻璃容器里,盘面上标着 32 个方位,航海罗盘就制成了。没出过海的人可能也会谈论并赞美指南针,但只有了解大海危险的老水手才会深切感受到罗盘的重要性。有一点需要注意,指针在世界上少数几个地方才会指向真北[1]。在其他地方,指针指向和真北间都有一点细微偏差。

海上指南针

我再讲几件事情，然后我会和你们讲英国的历史，我会尽量讲得有趣些。

47 救生物品

你听说过火灾逃生吗？我们下面讲的就和它有关。其实，面对火灾有一些不同的逃生方法，不过我觉得描述一两个就够了。火灾很可怕，如果发生在晚上，尤其是拥挤而狭窄的街道上，后果则更不堪设想。我经历过许多次火灾，也见识过它们的厉害。因此，我认为掌握逃生方法很重要,它能帮助我们在着火时自救。

有一个火灾逃生方法很简单,只需用到一块宽大且有弹性的布就好,不过布的边上得装上坚固把手。火灾发生时,如果没有别的法子从屋里逃出,则可以根据情况,让四个人、六个人或八个人在楼下将布撑开,让逃生的人从窗口往布上跳,以此来逃过一劫。

另外一种逃生方法需要的逃生工具有:一根长杆、绳索和一个篮子。长杆有三四十英尺长,顶部安装着一个滑轮,一根绳索从滑轮里穿过,绳索的底端拴着一只大柳条篮。假如着火时浓烟和火焰太大,人们不能从楼梯逃跑的话,街上的人可以将长杆靠在房子边,把柳条篮拉到一个窗子边。然后,房子里的人可以爬进篮筐。在下面人的帮助下,绳索和滑轮慢慢地将篮子安全放下,从而让受灾人逃离火海。

如果房子里的人恰好生病没力气,或是因害怕而不敢爬进篮子,地上的人可以跳进篮子,再随着篮子上去帮助上面的人逃生。

你们应该见过消防车吧,它是扑灭大火的能手。车里装有一种水泵,可以快速抽水。消防车一到,几名消防员就站在两边开始行动,动作好像在抽水一样。他们使水从水泵沿一根皮管流出,皮管可以朝向任何方位。皮管末端连接着金属管,消防员可以用手拿着金属管那端,朝着大火的方向冲水。水流非常大,甚至可以冲到屋顶上,在扑灭火焰方面起着非常大的作用。

听说伦敦以前有一条长得非常难看的狗,名为泰克,有两双罗圈腿。每次听到消防车轮子转动的声音,看见消防员戴着小圆帽,穿着厚外套和靴子走下来,它就会跟在他们后面,消防员后来都认识它了。虽然我没听说它对扑灭大火做过哪些贡献,不过只要黑衣修士大桥附近发生火灾,哪怕是好几英里外的地方,消防员也能在现场看见它。有一次,一场大火用了整整16天才扑灭,消防员救火期间,它也一直陪在那里。这条狗似乎有一种灵性,它想与人类亲近,因此它才敢待在可怕的火灾场地。

我已经谈了一些与火有关的事情,下面我想讲一些与水相关的事。有许多水上救生物品可以防止人们溺水。海上很容易发生意外,因此水手都应该学会游泳,但他们当中有不少人都不会。

软木救生衣是救生物品之一,作用很大。还有一种救生衣由细铜片制成,呈气缸或球状,里面充满了空气,可以漂浮在水面。救生气囊同样也可以预防溺水,不过很容易被划破。人体其实不需要太多外力就能浮于水面,可即使是一名游泳健将,如果他需要在水中待很长一段时间,救生物品也必不可少。

救生圈的救生效果也非常不错。制作材料是软木,呈项圈形状,高2英寸,宽19英寸,中间有一个空,可以把头套上去。还有一种软木披肩,重两三磅,不知你们听说过没有。穿上它后,人可以轻松浮在水中,不需手臂或腿部的力量。自己也可以做一个简易的软木披肩,只需几段绳子和软木即可,做好后将绳子系在腋下。不过,你们还是不要轻易玩水为好。

还有公司用印度橡胶布制作了一种救生物品。打造成中空管的形式,用好几个管子组成一组,固定在胳膊下(位置可以调整),管上装着充气用的黄铜口,可以直接用嘴巴向里面吹气。戴上它后,人们即使等待救援人员几个小时也不会沉下去,这样就能逃过一劫。

救生船是另一种救生装置,共有20种不同的救生船。最初,救生船可能是用软木制造的,即使船底破了一

救生船

个洞也能正常行驶,这些船只是生命之舟,拯救过上千条生命。当一艘满载的船只遇难,在快要倾覆时,如果几名强壮的水手开着救生船乘风破浪而来,将船上的人员安全送上岸,这该是多么令人庆幸的事啊!遇见海难时,还有好几种救生筏也能救命。水手可以用船桨和空木桶组装成救生筏,靠此来帮助他们到达陆地。

本杰明·富兰克林[1]是第一个使用避雷针的人。避雷针可以把闪电引导到地面,从而避免闪电的一些不良影响。你能在烟囱两端看到它们,英国教堂的尖顶和塔楼的顶部也常常放置着避雷针。在英国,它们也被放在船桨上,这样,船只出海时就能逃过雷击,不至于着火沉没,也可以避免其他电流质带来的潜在危险。

潜水钟这个仪器非常有用,它使人们可以在水下活动,没有它的话,很多事就无法做到。它的形状像一个钟,从底部放进水后,它会具有一定的重量,从而不会翻转。内部的气压会阻止底下的水流进去。里面的人依靠一个气泵获得新鲜空气,以便在水下自由行动。

通过潜水钟可以在水下观察水面的一些状况,比如及时发现沉船事故。建立桥或灯塔的时候,也能利用潜水钟研究水下适合打地基的地方,有必要的话,可以炸毁水底的一些岩石。

[1]美国著名的政治家、物理学家,同时亦是出版商、印刷商、记者、作家、慈善家,更是杰出的外交家及发明家。他曾经进行多项关于电的实验,并且发明了避雷针。

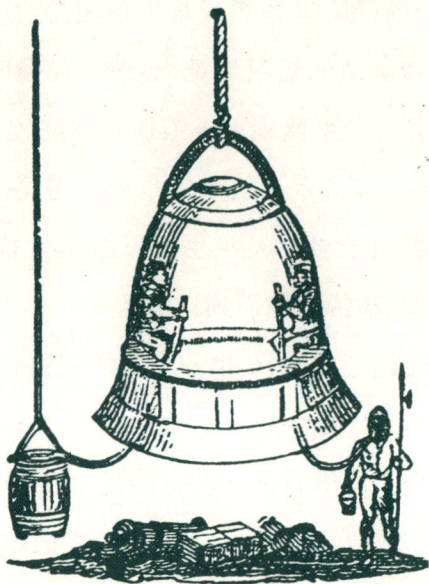

潜水钟

　　你们可能会问,在水下怎么能用火药炸掉岩石?其实并不难。人们待在潜水钟里往岩石洞上钻孔,之后把事先装满火药的锡墨盒子放在洞孔里,盒子长1英尺,再用砂子把盒子盖住。盒子顶端紧固着一根锡管,随着潜水钟不断升高,叠加在原有的管道上,锡管于是变得很长,直到最后甚至升到了水面。这时,可以把一小块烧红的铁块放进管道,火药碰到铁块后会迅速爆炸,岩石就被炸开了。许多船只在海里沉没了许多年,后来通过潜水钟,船上很多物品又得以重见天日。

　　我们再简单说一下气枪。这种仪器和古时的气枪很像。法国作品《炮兵的元素》里有提到气枪,应该是关于它的最早记录,书的作者是大卫·里瓦图,他是法国国王路易十三的老师。空气被凝缩在一起后,弹性可以变成普通空气的1000倍以上,因此,气枪用途多样,其中,它可以被用作武器,杀伤力不低于火药。气枪射出的子弹和普通火枪射出的一样具有破坏性。当空气经过冷凝器进入枪中后,一个阀门会突然打开,冲进去的气流会使子弹发射。空气越受挤压,飞出的子弹力量就越大。虽然气枪造型不同,装置也不同,但原理是共通的。

气枪

空气泵可以将船舶里的空气排出来,从而使科学家们研究空气性质,并找出有效的利用空气的方法。马格德堡[1]的总领事奥托·格里克[2]发明了这个著名的机器。1654年,雷根斯堡[3]举行了帝国议会,即将散场时,他向德国君主和州长们展示了空气泵,这是他第一次进行相关的公开实验。

空气泵里放置了一个玻璃接收机,接收机可以在机器运作时将空气抽出。和其他泵一样,空气泵里也安装了有助于抽气的活塞。

[1]德国城市,位于易北河畔,公元805年建城,13世纪为繁荣的商业中心,并建立城市自治体制。

[2]德国物理学家、政治家。

[3]在慕尼黑以北140千米处。它历史悠久,是多瑙河边的重要城镇。

借助空气泵，人们发现了很多奇妙的事，比如：容器里的空气被抽走后，柔和的羽毛在真空中下落的速度和铅球一样。虽然听起来匪夷所思，但这就是事实。另外，如果将一个钟摆放在真空里，你不会听到任何声音。这是不是也十分奇妙？还有，在真空容器里，火无法燃烧，烟不仅不会上升，反而还会沉积在底部。没有空气的话，动物也将无法生存。

由于时间关系，对于发明，我只能讲到这里了。之前我说过会和你们聊聊英国历史，下面就开始讲喽。

48 古代不列颠

每拜访一个国家，我都会想了解那个国家的历史，我也喜欢和别人分享所见所闻。现在，我们来讲讲不列颠的历史。对了，美国以前是英国的殖民地，一部分英国人曾经居住在这里。不列颠的历史至少有 2000 年。这么长的一段时间，足够发生不少奇怪的事情。

古代英国有一些野蛮人部落，他们可能来自法国，那时的法国还不叫法国，而是被称为高卢。有历史记载的第一个民族是威尔士人，又称辛布里人，应该是在公元前几个世纪逐渐登陆不列颠的。

一些威尔士人把岛上原先住着的居民赶走了,这些居民一部分漂洋过海逃到了爱尔兰,还有一部分逃到了不列颠北部,也就是现在的苏格兰。但其他一些殖民者也从欧洲大陆过来,威尔士人后来也被迫将东部岛屿拱手让给了新外来者,其中主要是凯尔特人。

那时候的英国和现在截然不同。大部分地区是巨大的原始森林,其余主要是荒野和沼泽,种植业很不发达,随处可见熊与狼等野生动物。居民主要来自野蛮的游牧部落,他们住在洞穴或简陋的小屋里,穿着兽皮制造的衣服,身上绘制着太阳和月亮等,以便让他们在战斗时更有震慑力。

古代英国祭司被称为德鲁伊,之前谈到巨石阵的时候,我已经介绍了一点相关的情况。他们是全国唯一有学识的人,地位比较高的人会让自己的儿子来德鲁伊教学习,主要学习天文和科学,还会根据各种不同的主题作诗。20年间足够学会许多诗了,对不对?

公元前55年,恺撒大帝[1]——著名的古罗马将军——领着一支庞大的军队入侵不列颠。当地人对其进行了顽强反抗,恺撒被迫退兵。每个人都愿意为自己的祖国而战,正所谓国家兴亡,匹夫有责。如果祖国需要我,我也会义不容辞。

几年之后,罗马人又入侵不列颠,多场战役后,不列颠被征服了。公元50年,罗马人在不列颠的一个地区遭

[1]盖乌斯·尤利乌斯·恺撒,罗马共和国(今地中海沿岸等地区)末期杰出的军事统帅、政治家,并且以卓越的才能成为罗马帝国的奠基者。

遇了顽强抗争,带头的是卡拉克塔克斯,不列颠一个部落的首领,可他最终战败被俘,并被押送到了罗马。我见过他的照片,照片里的他正驮着沉重的铁块。公元61年,罗马人在圣阿尔邦也遭遇了袭击,波狄西亚女王带领着一支强大的军队攻击驻扎在那里的罗马军,一共处死7万名罗马士兵,可是在后来的一场大战中,不列颠人战败,损失了8万人。

被俘后,波狄西亚女王毒死了自己,这个行为实在是非常愚蠢,每个人都应当珍爱生命。罗马人最后取得了胜利。他们在不列颠的统治持续了400年左右,在此期间,他们建造了一些城镇和城市,修筑了护墙,他们建造的一些建筑宏伟华丽,远胜当时不列颠人见过的任何建筑。巴斯是罗马人建造的一座主要城市,那里现在还能看见一些罗马人留下的遗迹。

不列颠北部——现在的苏格兰——的居民主要包括两个民族:苏格兰人和皮克特人,前者后来成了苏格兰高地人,而后者则成为现在的苏格兰低地人。这两个民族过去常常一起袭击罗马人。为了防止他们入侵,罗马人建立了两座巨大的墙,墙十分长,其中一座从泰恩河延伸至索尔威湾,另一座从福斯湾一直到克莱德河。现在几乎看不到这些城墙的遗迹了,毕竟已经过了太长时间。

正如我刚才所说,罗马人在不列颠待了大约400年,之后,由于受到外来部落的入侵,他们离开了不列颠,回去捍卫自己的领土。罗马人离开后，不列颠人建议选出一个至高无上的首领或国王，这个人在全岛享有绝对权威。这个建议引起了很多纠纷和争斗，不列颠最大的两个部落分别是威尔士人和凯尔特人，前者是不列颠最古老的居民，后者占领着当时的主要城市伦迪尼乌姆——现在的伦敦，因此，他们都认为这个荣誉只属于自己的部落。假如想使自己脱颖而出，只有一个理由往往是不够的。

在这些部落中，苏格兰人和皮克特人居住在岛的北部，他们摧毁了宏伟的罗马城墙，古英国人抵挡不住他们。

大约在公元450年，撒克逊人——古代日耳曼人的一个分支——入侵了不列颠，首领是亨吉斯特和霍萨两兄弟。不列颠国王同意给撒克逊人土地和资金，条件是他们要帮助对付北方的皮克特人。撒克逊人同意了，并且抵御了几次皮克特人。但很快他们要求得到更多的土地，后来更多的撒克逊人来到不列颠，他们联合苏格兰和皮克特人对付并最终征服了不列颠人，威尔士人被赶到了威尔士和康沃尔。一个国家如果请另一个国家帮忙捍卫领土，经常都以这种不幸的方式收尾。

威尔士人中，一个叫亚瑟的国王做了非常勇敢的抵抗，然而他后来被谋杀了。他备受子民爱戴，人们不知道他被葬在了哪里，依然期盼着他的回归，即使他死了数百年也依然如此。我觉得这不是非常明智，你认为呢？

撒克逊的不同部落一个接一个来到不列颠,他们在不列颠岛上由南部向中部逐步入侵,并慢慢在这些地域建立了一些王国。最后,不列颠不同地区出现了7个王国,其实加上不列颠原住民建立的王国,数目远远不止7个,但随着时间的推移,一些大国逐渐吞并了周边小国,最后促成了七国并立的格局。

后来撒克逊与另一个民族结合在一起,称为盎格鲁-撒克逊人。盎格鲁人把不列颠称为"盎格鲁人之地",原语是"Engla-lond",后来音译为"英格兰",这就是"英格兰"一词的由来。至今,盎格鲁-撒克逊还用来代指英国人或者英国后裔。

现在你们应该明白为什么这个国家被称为英格兰了吧。

49 从撒克逊人说起

现在我会继续讲述这段历史,关于它,我还有很多话想和你们聊。找个舒服的姿势坐好,然后好好听我讲下面的故事。

公元598年,一个名叫奥古斯丁的修道士从罗马来到萨尼特岛,同行的还有其他一些修道士,他们此行的目的是向撒克逊人传播罗马天主教。当时肯特的国王——后来的某一任撒克逊国王——转而信仰罗马天主教。后来一些修道士又从罗马过来，被任命为主教，英格兰不同地区也逐渐建立了修道院和教堂。

七国时代持续了约200年。这段时间里，各个王国势均力敌，相持不下。公元800年，威塞克斯国王埃格伯特上台，他相继征服了其他所有王国，公元827年，他在英格兰当时的首都温彻斯特进行了加冕仪式。七国格局就此瓦解。

英格兰屡屡受到丹麦人的入侵，埃格伯特去世后，这种情况更加严重。丹麦人来自波罗的海附近的岛屿，首领被称为海霸王。他们主要生活在船上，不时登上陆地掠夺一些沿岸地区，把任何他们能找到的有用的东西洗劫一空，之后，他们会一把火把房子烧了，再回到船上驶离海岸。可以说，他们根本就是一伙海盗。

起初，丹麦人来英格兰就是为了骚扰劫掠。埃格伯特有一个孙子叫阿尔弗雷德，后来成了阿尔弗雷德大帝。公元871年，他在位时，众多丹麦人来到诺森伯兰郡沿岸定居，他们还赶走了那里住着的撒克逊人。那时的阿尔弗雷德很狂傲，人民并不爱戴他。因此，虽然他英勇作战，可他的军队最后还是抛弃了他。丹麦人于是成为大不列颠岛的主人。由此可见，一个国王必须要爱护子民，才能维持好自己的统治。

阿尔弗雷德不得不隐藏起来。有一段时间,他躲在一名牧牛者的小屋里。牧牛人的妻子并不知道他是谁,出门时,她经常让他照看烘烤着的蛋糕。据说,有一次阿尔弗雷德忘了这事,导致蛋糕烤坏了,结果不仅挨了骂,还被打了一耳光。一个国王竟然被平民打了一耳光,这是不是很少见?

后来,他和几个朋友一起在小岛上住了一段时间,小岛四周是沼泽,他们经常穿过沼泽去攻打丹麦人。为了了解敌情,阿尔弗雷德打扮成吟游诗人混进了丹麦阵营。这个行为实在是很大胆。他从一个帐篷走到另一个帐篷,给丹麦人唱歌,演奏竖琴。丹麦人并不知道他是谁,不过都很喜欢他的音乐。晚上,他安全回到小岛。要是被丹麦人发现了他的真实身份,他绝对不可能活着回去。

在丹麦人的营地里,他发现那里的人过得很安逸,他们尽情饮酒作乐,自以为很安全,没有任何危险。因此,他派遣情报员到王国各地,并聚集了一支强大的军队。之后他带兵向丹麦人发起攻击,最终通过一场大战击败了他们。有相当一部分英格兰人就是这时候从丹麦人转变来的。880年,阿尔弗雷德再次当上了国王,他的子民非常感激他,不再计较他的过去。现在,你们对他的看法是不是也比之前好点了呢?

后来,他的接班人在几次战役中也击败了丹麦人,最后,一部分丹麦人被征服了,一部分被驱逐出了英格兰。

975 年,殉教者爱德华当上了国王,修道士从中起了主要作用,不过他在位时间很短。爱德华遭到了背叛,我想和你们讲一下这个故事。

有一天,爱德华出去打猎,但是不小心和其他人走散了。由于他继母埃尔弗蕾达住的科夫城堡就在附近,他便独自前往那里。其实他应该更谨慎点,这样他就不会去那里了,可惜那时候他并不知道前方有什么在等着他。

刺杀爱德华

他的继母对爱德华显得非常礼貌和尊重,可其实她并非出于真心。爱德华口渴想喝水,顺便恢复精力,埃尔弗蕾达于是给他递上一杯水,可是爱德华刚举起杯子准备喝的时候，一名女佣就在背后捅了他一刀——埃尔弗雷达之前就下令让她刺杀爱德华。

爱德华国王立刻逃上马想求救，但是已经来不及了，他的伤口太深了，很快他就支撑不住从马鞍上滑下来，然后由于失血过多昏厥了。马继续飞奔而去，爱德华的脚却依旧卡在马镫上，他就这样被拖死了。这结局实在是悲惨，尤其是对一个国王来说。

阿尔弗雷德去世约100年后，丹麦人带领强大的军队重返英格兰。经历多次战斗后，他们再次成为英格兰的主人。不难看出，英格兰这段时间发生了许多变化，换了太多次主人。

三位丹麦国王相继统治了英格兰，他们分别是斯韦恩、克努特和哈迪克努特。1041年，哈迪克努特去世，在一个叫戈德温的人的带领下，撒克逊人发起反抗，终于将丹麦人赶离了英格兰。侵略者被赶回了自己的国家，你们是不是也为英格兰高兴呢？

之后，忏悔者爱德华被选为国王，爱德华死后无嗣，让位于哈罗德，他也是一名撒克逊人。那时，法国的一部分处于诺曼人的统治下，诺曼人最初来自挪威。今天，人们仍将当时他们在法国居住的这块地方称为"诺曼底"。在哈罗德统治时期，法国诺曼底公爵威廉于1066年率军入侵，在英格兰黑斯廷斯附近的海岸登陆。撒克逊军队和诺曼军队在那里激烈交战，最后英王哈罗德被杀，撒克逊人战败。

同年10月,威廉在伦敦加冕为英王,成为威廉一世,诺曼王朝由此建立。但是,诺曼人遭到了很多抵抗,多年后才终于征服了整个英格兰。

黑斯廷斯战役[1]

撒克逊人为争取自由做了许多努力,但是,他们最后不是被杀了,就是被赶出国门了,甚至有人被拉去当奴隶。他们的土地和财产被诺曼人没收。许多原来一贫如洗的诺曼战士忽然就拥有了自己的土地、房子和奴隶,而可怜的撒克逊人则被迫为别人耕种,那些土地曾经是他们自己的财产。

诺曼人将法语引入英格兰,地位高的诺曼人讲法语,不过撒克逊的穷人则依旧说撒克逊语,现在英国的语言是

[1]1066年10月14日,盎格鲁—撒克逊军队和诺曼底公爵威廉一世的军队在黑斯廷斯(英国东萨塞克斯郡濒临加来海峡的城市)地域进行的一场交战,诺曼人取得决定性胜利,威廉一世入主伦敦。

这两种语言的结合体。

因为威廉征服了英格兰,所以人们通常称他为"征服者威廉"。他是一个勇敢的战士,不过为人狡猾。1087年,他从马上跌下,伤得很重,最后死在了诺曼底的鲁昂。其实,无论曾经获得多大的荣耀与胜利,最后也难免一死,国王也不例外。

50 威廉二世

你们是不是觉得我的记忆力很强,能一下记住所有这些东西?这主要是由于我平时喜欢思考,经常把脑海里的东西梳理一遍,否则,我早就忘完了。还有一件事,熬夜对身体不好,要养成早睡早起的好习惯,你们要记住这点。

威廉和后来各个国王统治时期都发生了很多事,如果把每一件事都讲一遍,那就要花太长时间了。因此,我只能简单介绍他们的名字,以及一些各个时期发生的著名事件。

征服者威廉的三子继承了王位,史称"威廉二世",由于他的红脸颊,他还有个称号:"红脸威廉"。1100年,他在新森林打猎时,不幸中箭身亡了。

为了开拓这片森林,他的父亲曾拆毁了36个教区的房屋,这项行为极其自私残忍。

红脸威廉去世后,亨利一世夺得王位,他也是征服者威廉的儿子。

亨利很狡猾,为了获取撒克逊人的支持,他娶了一位撒克逊妻子。但是他也因此引起很多诺曼人的不满。罗伯特回到英格兰后,他得到了许多诺曼人的支持。一场大战随之而来,结果罗伯特战败,亨利把他囚禁在加的夫城堡,他在那里度过了整整27年,直至最后离世。为了征服别人,获得权力,人类竟然变得和老虎一样凶残。

亨利有一儿一女,儿子以他的名字命名,也叫亨利,女儿叫玛蒂尔达。小亨利在法国海岸附近因船只发生事故淹死了。玛蒂尔达起初嫁给了德国的皇帝。后来德皇去世,她又改嫁给安茹伯爵若弗鲁瓦五世,因为她的第一场婚姻,人们一直称她为玛蒂尔达皇后。不过我的国家美国并没有国王、王后、皇帝或皇后。1135年,玛蒂尔达改嫁后才两天,亨利就在诺曼底去世了。

亨利刚去世,布洛瓦伯爵斯蒂芬就启程去了英格兰,他想得到诺曼主教和贵族的支持成为英格兰国王。亨利去世时,诺曼主教和贵族曾宣誓要效忠玛蒂尔达,并选她当女王,可后来,他们违背了誓言。

玛蒂尔达有很多支持者,虽然经历一番争论,但她还是没登上王位。斯蒂芬登上了王位,直到1154年去世。

之后继位的是玛蒂尔达的儿子，也就是亨利二世。

亨利二世统治时期，他和坎特伯雷大教堂的主教贝克特发生了激烈冲突。有一次，国王说了一些关于大主教的话，4名诺曼骑士把这些话当成暗示，于是立即出发去坎特伯雷并杀害了贝克特。当时这个可怜的贝克特正在祭坛主持仪式呢。虽然贝克特比较高傲，但也不应该杀了他，这种行为实在太残忍了。

亨利统治后期时局动荡，他的儿子们引发了各种动乱。亨利死于公元1189年，在位共36年。之后，他的儿子理查一世继位，理查很勇猛，外号"狮心王"。

理查在巴勒斯坦勇敢作战，可是最后他不得不回国，返程途中，他被奥地利公爵俘虏了。很长一段时间里，只有公爵知道他被囚禁了。布隆德尔——理查忠实的侍者——发现了理查，他是一位法国吟游诗人，在弹奏曲子的时候，他发现国王应和了这首曲子，于是他明白国王被囚禁了。最后，英格兰支付了很大一笔钱，共计25万英镑左右，国王才被释放回家。果然是有钱能使鬼推磨！

理查失踪时，他的弟弟约翰趁机篡夺了王位，但理查归来后，约翰表示会归还王位给哥哥，善良的理查也原谅了他。

约翰向理查请罪

我没想到理查竟然赦免了他弟弟。不过,看到兄弟低头跪拜在自己脚下请求原谅,他内心一定很受打击吧。理查的肖像看起来英姿飒爽,他戴着王冠,穿着锁子甲和斗篷,手扶宝剑,笔直地站着。锁子甲其实就是古代战士套在身上的铠甲,由很多小圆环制成,可以覆盖全身。毫无疑问,理查是一个善良的人。

1199年,理查战死沙场,他在位10年,其中没有一年是完全待在自己王国的。现在的英格兰国王绝不能在国外待太久不回来。

之后，约翰继承了英格兰的王位。理查刚刚去世，他在法国的手下就造反了，他们选择亚瑟——理查和约翰的一个年轻的侄子——为自己的国王。

亚瑟得到了法国国王菲利普的支持，但他最后被约翰国王派出的士兵俘虏了。他死后，甚至没有人清楚他是怎么死的，很多人猜测是他的叔叔约翰害死了他。

关于亚瑟王子的历史，我想，你可能对流传最广的那个版本更感兴趣，我会告诉你们这个故事，不过我不敢保证它的真实性。

亚瑟是理查的侄子，理查死后，他原本应该继承王位。不幸的是，他的另一个叔叔约翰残酷又邪恶，也想成为国王，当然他也的确这么做了。

被捕后，可怜的亚瑟就立即被囚禁在一座高大孤塔里，那里有多凄凉，可想而知。监狱的守门人叫休伯特，也是一个坏人。约翰怕人们坚持让亚瑟当国王，于是他下令让休伯特杀了小亚瑟。

国王下令时，亚瑟早就被囚禁在塔中一段时间了。不过休伯特并没有国王想象的那么邪恶，一方面，他不想杀害亚瑟那样天真无害的孩子，但另一方面，他又得阻止亚瑟当上国王。最后他认为，如果挖了亚瑟的眼睛，也一样可以阻止他继位，而且还可以保他一命。

不过，休伯特虽然下定决心要弄瞎王子，可他还不够心狠，不忍下手。于是，他雇了两名恶棍来做这件事，他给了这两个人铁钳,让他们用在火中烧得炽热的铁钳烫瞎王子的眼睛。

休伯特把两个恶棍带到小亚瑟身边,他们长相凶残,把王子吓坏了,尤其是他们手中还端着一个烧得正旺的火盆,盆里放着火红的铁钳。

亚瑟知道他们的用意后,流下了眼泪,眼泪落到休伯特膝盖上。他亲吻休伯特的手和脚,一边哭,一边虔诚祈祷,表示如果真的难逃一劫,希望休伯特能亲自动手。休伯特于是支走身边两个恶棍,准备亲自动手。

但当只剩下他们两人时,亚瑟扑到休伯特怀里,亲吻他,再次恳求他。亚瑟对休伯特说,自己一直十分敬爱他,并让他回想起自己在他生病时是如何耐心照顾他的。

亚瑟告诉休伯特,哪怕只有一小片的秸秆钻进自己眼里,也会觉得无比难受,他祈求休伯特不要烫瞎他的眼,甚至恳求休伯特——他在世界上唯一亲爱的朋友——将他杀死,不要让他经历这种巨大的痛苦。

他的恳求、他的祷告、他的吻令休伯特动了恻隐之心。休伯特扔掉了铁钳,把王子抱在怀里,表示宁愿自己死也不要让任何人再伤害王子。小亚瑟听到这些话很安心,由衷地向这个亲爱的朋友表示感谢,即使他曾想加害于自己。

休伯特害怕国王发现亚瑟既没有死也没有失明,会因此发怒,他开始思考如何和王子一起逃走,于是他离开塔去研究一些逃跑路线,他向亚瑟承诺会尽快赶回。

可怜的亚瑟被独自留在塔上,担心恶棍会返回来害他。这时恰好从塔的另一端传出了一点噪音,他以为恶棍又回来了。他害怕自己的双眼会被烫瞎,以为窗子离地面只有一层那么高,于是就打开了一个小窗,一跃而下。可是,他不幸落到一些尖锐的石头上,被摔得粉碎,当场死亡。

人们在塔下发现他的尸体时,都认为是国王杀了他。所有的领主和人民都奋起抵抗,希望残忍的约翰下台。约翰饱受打击,不久后,他就去世了,几乎没有人可怜他。

这个故事虽有趣却又可悲,不过很可能只是人们编的。

为了给亚瑟报仇,法国国王入侵了约翰在法国诺曼底的领地。而约翰这个软弱无能的国王竟然没有采取任何行动来保护他的子民。

之后,约翰和教皇起了冲突,教皇为了惩罚国王,在英格兰发布禁令,关闭所有教堂,禁止举行一切宗教仪式。那时,教皇比现在拥有更多权力,约翰最后不得不让步。他向教皇辞去王位,承诺每年支付一大笔款项,从而又再次取回王位。教皇一直很热衷于金钱和权力,但我并不希望他在这两样东西方面得到太多。

约翰统治期间,贵族们发动了暴动,他被迫签署了《大宪章》,宪章授予他的子民广泛的权利。该协议至今

仍摆放在大英博物馆一个玻璃容器里。约翰的子民很讨
厌他，如果他没在公元 1216 年去世，人民也很可能把他
废掉。

51 大宪章

英国人很看重《大宪章》，也经常谈论它，因此，我一
定得向你们介绍一下。我喜欢简单易懂的故事，相信你们
也是如此。接下来，我们就来聊聊《大宪章》的事吧。

和之前的许多任国王一样，约翰国王更在乎自己的利
益和快乐，不太关心他的臣民。他为人邪恶，至于邪恶的
人是否可以做一个好国王，就留给你们自己判断。在他统
治下的王国并没有繁荣多久，正如我之前所说，他被法国
国王夺回了英格兰在法国的领地，教皇迫使他辞去王位，
之后，人民提交并迫使他签署《大宪章》。

1214 年，约翰国王虽然一直被迫屈服于教皇，但他对
臣民压迫不减，最后人民忍受不下去了，决定推翻他的暴
政。一大群贵族齐聚在圣埃德蒙兹伯里大教堂，表面上他
们是去祈祷，其实都是为了加入反对约翰国王的联盟。在
高坛前，他们发誓要互相支持，一起反抗约翰，让约翰同
意他们的要求，答应给予公正合理的待遇。此后，他们来

到伦敦,派使者去见国王,传达了他们的意愿。约翰当时吓坏了,他要求贵族们给他点时间考虑一下,之后他想以教皇的名义来威胁贵族,但这并不起作用,贵族们根本不怕。事情变得越来越糟糕,最终贵族们发现别的方法都不管用,于是,他们组建了一支军队打算用武力解决问题。直到他们攻下贝德福德城堡,约翰才同意了他们的要求。

泰晤士河南岸有一个兰尼米德大平原,位于萨里的埃格姆教区,为了解决争端,约翰国王和贵族当时就是在这个平原上会见的。不过,也有人说他们是在泰晤士河上的宪章岛谈判的。然而,无论是在哪个地方,约翰国王最终还是签署了贵族制定的协议。

这些协议后来经过修改,最终形成了《大宪章》,又称《自由大宪章》,其副本被抄送至英国各地。当时,很多人向贵族租地,他们的自由在很大程度上都受到约束,另外一些自由人也饱受压迫。但是,《大宪章》为情况的好转奠定了较好的基础。其中一项条款就维护了民众权益,条款规定:"任何自由人,如未经其同级贵族之依法裁判,或经国法裁判,皆不得被逮捕、监禁,没收财产,剥夺法律保护权,流放或加以任何其他损害。"

宪章限制了封建君主的权力,强调国王只是贵族"同等中的第一个",没有更多的权力。如果可以选择的话,约翰国王绝对不会签署的。

《大宪章》成了日后英国君主立宪制的法律基石,它第一次限制了封建王权，难怪英国人总将其挂在嘴边。

大英博物馆里存放的不是《大宪章》本身，而是约翰国王之前签署的协议。

一个人若长时间掌握大权，很难从头到尾都不滥用它。我虽然是安静又温和，不希望压迫贫穷的人，可如果我变得有钱又有权，我可能和约翰国王一样残酷，还压迫民众。让我们寻找宁静与平和，尽量远离纷纷扰扰。

52 亨利三世

你们是不是很好奇我为什么对英格兰这么了解，其实这是由于我在过去读了很多书，也向人咨询过很多问题，否则，我根本不会知道这些。

约翰去世后，亨利三世继承王位，在他统治的时期，贵族引发的动乱一直没有停歇，为了防止国王乱用特权，英格兰成立了下议院。虽然第一次议会会议召开于1116年，但直到1264年5月14日，下议院才算正式成立。打败国王的军队后，莱斯特伯爵西蒙·德·蒙福尔以国王的名义在温彻斯特召开了议会，每个郡派出两名骑士，每个自治市派两名议员，一起参会，这就是下议院的雏形。亨利三世统治时期，发生了很多变化，比如说，国民生活有了提升;煤取代了木材,纽卡斯尔的人得到了挖煤的许可;蜡烛代替了木屑照明;亚麻衬衫取代了羊毛的地位;人们开始用厚实的管道输送水;放大镜、早期放映机出现;罗杰·培根[1]引进了火药;金币第一次开始通行;摩尔人[2]创造了蒸馏法;瓦片或石板取代茅草用于屋顶的建造。亨利三世于公元1272年去世,他是英国史上在位时间第二长的国王,最长的是乔治三世。

爱德华一世是亨利三世的儿子,亨利死后,他继承了王位。统治期间,他一直忙于与威尔士和苏格兰的战争。他征服了威尔士,杀死了威尔士最后一任国王卢埃林。1292年,在和苏格兰的战争中,爱德华遭到威廉·华莱士爵士和罗伯特·布鲁斯[3]的抵抗。最后,华莱士被俘,并被押往伦敦,1305年,华莱士在伦敦被斩首。1307年,爱德华去世,布鲁斯因此逃过一劫。爱德华一世统治期间,人们开始使用风车和眼镜;那不勒斯[4]一个叫弗拉维奥·焦亚的人发明了航海罗盘;《大宪章》里添加了另一项条例:未经下议院同意,不得随意征税。

爱德华二世——爱德华一世的儿子和继承人——很缺乏主见。1314年,在斯特灵附近的班诺克本,他带兵和苏格兰打仗,结果战败。他被迫承认对方领袖罗伯特·布鲁斯是苏格兰国王。这对爱德华二世无疑是个大麻烦,加上他宠信小人,终于激生变故。1322年,兰开斯特伯爵带领贵族叛变,不过他们失败了,首领托马斯也被处决了。

[1]英国具有唯物主义倾向的哲学家和自然科学家,著名的唯名论者,实验科学的前驱。

[2]一群由柏柏尔人和阿拉伯人后裔混合组成的穆斯林人,现在主要居住于非洲西北部,于8世纪侵占西班牙部分地区。

[3]苏格兰历史中重要的国王,他曾经领导苏格兰人打败英格兰人,取得民族独立。

[4]意大利南部的第一大城市,该城市风光绮丽,是地中海最著名的风景胜地之一。

但爱德华二世却败在了妻子手里,他的王后篡夺了王权,逼爱德华把王位传给他们的儿子爱德华三世,还将爱德华关进了大牢。爱德华二世时期,议院权力进一步增加;陶器被引进英格兰并得到广泛使用;圣殿骑士团的地位受到压制。1327年,国会废黜了爱德华二世,同年,王后命人杀了他,最终他在牢里不幸丧命。

爱德华三世统治时期,英法之间著名的百年战争拉开了序幕,主要起因是英王想夺回约翰国王在欧洲大陆失去的领地。在克雷西战役和普瓦捷大战两场著名战役中,获胜的都是英格兰。

黑太子爱德华是爱德华三世的长子,1346年,克雷西战役发生时,他第一次在战争中亮相,当时他还只有15岁,虽年纪轻轻,却已是英军中有名的勇士。因为他一身黑盔黑甲,所以得到"黑太子"的称号。

威尔士亲王的标志性话语是"我服务",他是第一个用羽毛做头饰的人。理查一世首先提出"上帝和我的权利"这种说法,之后,他的后代也引用了这种说法。

普瓦捷大战发生于1356年,由黑太子率兵,军队俘虏了法国国王约翰,将他押送至伦敦,黑太子待他很客气,与他同桌吃饭。这么看来,黑太子是个不错的人。

克雷西战役中,英国人初次使用大炮。但英国弓箭手在克雷西和普瓦捷两场大捷中依旧功不可没,他们是欧洲技术最熟练的弓箭手。火器投入使用前,弓箭手在战斗中非常重要。他们的弓大约高6英尺,箭头长1码,据说,其中一些人技术娴熟,哪怕只是用一把榛木做的细弓,他们也可以将箭射到80码以外的地方。

在那个时代,军队还包括骑士,他们骑在马背上,身着钢铁盔甲,马上也套着钢铁装备。他们手持刀剑、盾牌、长矛和可怕的武器狼牙棒。狼牙棒主要是一个铁球,上面布满锋利的尖刺,球下有一个铁把手。步兵穿着钢帽和盔甲,拿着小圆盾牌,他们的武器可能是长枪、剑或斧钺。爱德华三世在位时,英格兰爆发了可怕的"黑死病",这场瘟疫席卷了整个欧洲,死亡人数比那时战争里的还多;建立了圣斯蒂芬大教堂,不过后来教堂被改造后成为下议院办公处;人们学会了织布技术;温莎城堡也从堡垒变为皇家住所;威尔士亲王又多了一个头衔——康沃尔公爵。

1377年,爱德华三世去世,黑太子本来应该继承王位,可惜他去世早。于是理查二世——黑太子的儿子——登上了王位。

历史上为了争夺王位发生了很多冲突和流血事件。如果我是国王,我无疑会住在一所宏伟的大房子里,穿金戴银,可我也无法享有现在的和平与宁静。有时候,随遇而安也是一种生活态度,不要去追求虚无缥缈的东西。

理查二世统治时期,1381年,由于征税不公,下层阶级发动了暴乱,为首的两人分别叫作沃特·泰勒和杰克·

斯特劳。伦敦市长杀了沃特·泰勒,结束了叛乱。叛乱分子得到了赦免,其中许多人得到缓刑。

英国伟大的改革者威克利夫出现在公众视野,他越来越出名,还受到兰开斯特公爵冈特的约翰——国王的叔叔——的支持和保护,并拥有众多追随者。威克利夫是人们眼中的"改革之星",比马丁·路德[1]早出生一个多世纪,不过他是伟大的德国改革者。威克利夫去世后,他被葬在莱斯特郡的拉特沃思,可他未能得到安息。1428年,教皇下令将他的尸骨挖出并销毁。英国诗人之父乔叟出生于这个王朝的末期,为王朝增添了精彩的一笔。

[1] 16世纪欧洲宗教改革倡导者。

理查二世软弱却残暴,他的臣民非常不满,最后废黜了他。1399年,兰开斯特公爵亨利——冈特的约翰的儿子——坐上了他的位置,成了亨利四世。

亨利四世统治时期,理查曾几次尝试复辟,这大概也加速了他的死亡。据说,公元1400年,他在约克郡的庞弗雷特城堡被杀。也有人说他乔装逃到了苏格兰,在那里,他享受着国王的待遇,受到人民的款待,直到他最后去世葬在斯特林为止。

亨利四世在位时,威尔士人谋反叛乱,为首的是欧文·格伦道尔,他很勇敢,是古代英王的后裔。后来国王的长子——后来的亨利五世——镇压了威尔士人,但格伦道尔不肯罢手,依旧进行反抗,没人知道他最后的结局。

亨利四世颁布了一些有益的法律,但也制定了一些不公的法律,其中一项规定:如果威克利夫派不回归罗马天主教的话,就会被活活烧死。威克利夫派其实就是威克利夫的信徒。雷夫·威廉·萨德是伦敦圣奥斯威斯教堂的牧师,也是英格兰第一个因信仰不同而被活活烧死的人。在执行火刑的时候,国王和那些出主意的人其实都把救世主的训诫抛到了脑后。

我们应该学会宽容、怜悯和宽恕,不要偏狭、残酷、执着仇恨。我们要对人友善,不要心存恶意。如果我们希望得到他人的帮助,首先我们要学会帮助他人。

亨利四世于1413年去世,之后由他的儿子亨利五世继位。

亨利五世上台时,法国国王查理六世恰好神志不清,法国各派相互争夺摄政权。亨利认为这是夺回之前约翰国王失去领地的好机会。因此,他在1415年登陆阿夫勒尔,不久后著名的阿金库尔战役就爆发了,虽然法军人数几乎是英军的3倍,但英国最终还是获胜了。

和克雷西战役、普瓦捷战役一样,这一胜利主要归功于英军的弓箭手,他们技法高超,勇气可嘉,向法国骑兵射出无数支箭。此战之后,亨利与法国和平停战,法国查理六世仍然保留王的称号,但亨利实际掌握了大权,并成了法国王位的继承人。亨利五世在位时,威克利夫派受到重创;亚麻衬衫在那时还是一种奢侈品;依照法律,到了冬天,伦敦每扇门上都要放置一个点燃的蜡烛,用于街道照明；贵族渐渐搬出防御性城堡，转而住在更辉煌的豪宅；上层阶级开始使用棉花填充的床和麦麸枕头，而下层阶级则睡在稻草铺的简陋小床上，垫着木枕。亨利五世时期，理查·惠廷顿爵士享有盛誉，他当了三次伦敦市长，他有一艘私人船舰，并用它来进行贸易，还因此获得了巨额财富。1422年，亨利五世在鲁昂附近的一座城镇去世。

53 亨利六世

我第一天当水手登船时，根本没想过有一天会讲述这么多国家的故事！也许未来某一天，你们也会像我一样给孩子们讲故事，这可比大声吵闹和恶作剧有意义多了。如果你们见过年轻时候的我，你们一定想象不到我后来会变得如此安静。我的确谈过很多东西，但都是在安静地叙述，并不浮躁。现在，我们继续来聊历史。

亨利五世的继任者是他的儿子亨利六世，亨利六世出生后9个月就即位了，由于他的外祖父法王查理六世去世，他兼任英法两国国王，他的两位叔父分别在两国摄政：格洛斯特公爵汉弗莱负责英国事务；贝德福德公爵约翰负责法国事务。小小婴儿竟然当了国王，不知你们怎么看待这件事？

亨利六世在位期间,英军虽然最初在与法军交战时取得了成功,但后来还是被法军赶了出去,法军当时的领袖是年轻的圣女贞德[1],她相信自己得到上天的旨意,要将英国从她的国家驱逐出去。尽管英军最终将她逮捕并残忍杀害。但是她的事迹极大地激励了法国人,使他们奋起抗争。1431年,法国人终于将侵略者赶出祖国。然而,贞德保卫国家的壮举却被指控为一项罪行,贝德福德公爵认定她是一个女巫,将她处死,真令人感到悲哀。

一方面亨利六世非常懦弱,有时会做一些傻事,另一方面,他娶了法国公主玛格丽特,这个公主脾气暴躁,嚣张跋扈。这两件事使人们大为不满,亨利在位28年后,农民爆发了起义,带头的是杰克·凯德。可能是由于杰克·凯德这个名字听起来没有将军范,他后来改名为莫蒂默。叛乱分子游行到伦敦,杀害了无数贵族和上层人士。后来除了他们的领袖被杀,其他人都得到了赦免,免于一死,只是被流放出去了。

此后不久,约克公爵理查对外宣布自己是英格兰国王,理由是他娶了爱德华三世次子的后裔。此前,亨利四世——爱德华三世三子冈特的约翰的儿子——也篡夺了理查二世的王位。王位间的争夺不曾停息,似乎总是有人觊觎着王冠。

一些派别是真心支持约克公爵的,另外一些派别支持他只是因为讨厌亨利和王后。1455年,约克家族和兰开

[1]法国的军事家,被法国人视为民族英雄。在英法百年战争中,她带领法国军队对抗英军的入侵,最后被捕并被处决。

斯特家族间爆发了战争,前者选择白玫瑰为会徽,而后者的标志是红玫瑰,后者是国王追随者,他们的祖先冈特的约翰是兰开斯特公爵,故以此作家族名。因此,这场战争被称为玫瑰战争。对于战争来说,这个名字太美好了,不是吗?不过玫瑰带刺,这也算具有一种象征意义吧。

一段时期内,战乱不断,两方相持不下。后来约克公爵被杀,玛格丽特王后命人将他的头摆在约克城的大门上,并在他头上放一个纸王冠,以嘲弄他对王位的痴心妄想。但约克公爵的儿子爱德华四世没有放弃,1461年,约克郡附近爆发了汤屯战役,战斗持续了十几个小时,最后爱德华取胜。之后,他在伦敦加冕,成为爱德华四世。

亨利六世在位时,想要选举议会成员,要求必须是地产保有人,而且每年土地租金收入需为40先令以上;那时开始从国外进口咖啡;玻璃初次投入使用;首次举行伦敦市长就职游行。1434年冬天,天气严寒刺骨,泰晤士河表面都结了冰,沉重的大车甚至都能在冰面行驶,可以从伦敦一路畅行至格雷夫森德。比较糟糕的是,国债就是从这时候开始出现的。

我很想对所有的战争都一笔带过,可这样的话,你们就无法全面深刻地了解这段历史了。无论如何,我都建议大家一辈子保持心态平和,不要被历史上的打打杀杀影响。即使能争到王冠,十有八九也会带来诸多麻烦。

汤屯战役结束后不久,亨利被俘,他被带到伦敦并囚禁在伦敦塔里。玛格丽特和她年幼的儿子爱德华王子逃到了法国,在那里法国国王对他们极为照顾。不久后,沃里克伯爵与国王发生了矛盾。于是,在爱德华四世北上平息暴动时,他公开拥护兰开斯特家族,把亨利带出伦敦塔,宣布亨利再次成为国王。一些地位高的人也不一定比别人自控能力强,他们有时也会为鸡毛蒜皮的事吵架。

很多人加入了沃里克的阵营,爱德华四世被迫逃到了荷兰,在那里,他聚集了一支军队并重返英格兰。两军在巴尼特进行了一场战斗,沃里克战死,兰开斯特家族溃不成军。

同时,玛格丽特王后带领一支军队在韦茅斯登陆,军队是她事先在法国召集起来的。爱德华急忙迎战。公元1471年,他们在蒂克斯伯里进行一场战斗,玛格丽特兵败被俘,她的儿子也成了俘虏。两人被带到爱德华国王面前,他们问国王为什么敢返回英格兰,爱德华回答说:"我回来是要夺回我父亲的王国。"爱德华用金属手套狠狠地打了年轻的王子,随后,克拉伦斯和格洛斯特公爵用剑刺死了王子。爱德华回到伦敦不久后,亨利六世在伦敦塔里去世。人们普遍认为是格洛斯特公爵理查杀了他。

为了树立权威,爱德华处死了王国内1400多个有军衔的人。他的兄弟克拉伦斯公爵犯了叛国罪,爱德华下令把他浸在马姆齐葡萄酒里淹死了。爱德华四世在位时,卡克斯顿[1]引进了印刷术,在那之前,劳动者买《新约》需要

[1] 英格兰商人、外交官、作家及出版家。

花费两年工资,现在只需6便士就能买到一本。在此期间,还爆发了一场可怕的瘟疫,死亡人数比之前15年内战争中失去的还多。

1483年,爱德华四世去世,他的儿子爱德华五世继任,但国王年龄太小,由他的叔叔理查担任摄政王。爱德华五世只统治了短短的两个月,之后,他就与他的兄弟——年轻的约克公爵——一起消失了。人们普遍认为是他们的叔叔理查派人谋杀了他们。

你们可能想知道到底发生了什么。我就简单地和你们说一下传闻。理查捎信给伦敦塔管理人罗伯特·布拉肯伯里爵士,让他杀掉两个年轻的王子,但罗伯特没有理查那么狠心,他不愿执行这个残酷的任务。

詹姆士·泰瑞尔爵士可没有那么仁慈。他有一天晚上拿到了塔的钥匙,就受理查之命,趁王子睡着的时候,带着三个强壮的恶棍去到他们的房间。

这些无情的凶手用枕头将两个年轻的王子闷死了,然后把王子埋到楼梯下的一个深洞里。理查和这几个人是多么残酷无情啊!

想想看,詹姆士·泰瑞尔爵士在晚上身着铠甲,佩戴着剑,手里拿着一把大钥匙,指挥几个恶棍将王子尸体埋了,这是多么骇人的景象。我如果在场,一定要站出来制止他们,朝他们大喊:"你们不能杀人!"

小王子在塔中遇害

　　理查此后立即继位，称号是理查三世。一开始，但凡他认为有贵族反对，就将他们一一残害。但他安享王位的日子没有多久，1485年8月6日，里士满伯爵亨利，一位威尔士绅士的儿子，也是冈特的约翰的后裔，带领军队登陆英格兰，声称要夺回应有的王位。理查毫不畏惧，立即召集军队迎战。1485年8月22日，一场大战在莱斯特郡博斯沃思爆发。在这场战斗中，理查三世虽然勇敢作战，但最终战死沙场，他的军队也溃不成军，损失惨重。英格兰的王冠成了战利品，被放到了亨利头上，在战场上，亨利宣布自己为国王。

持续了30年的国内战争就此结束，战争期间，超过10万的英国人丢了性命。虽然国王残酷愚蠢，但由于印刷技术的发展，知识在民间不停传播；《议会立法章程》原本只有拉丁语和法语版本，那以后也有英语版本；由于每隔一段路程就有驿站，旅游也方便了不少。

54 亨利七世

我敢说，你们以前从来没有听说过这么多关于国王的故事。早些时候，为了得到并保住王位，他们往往忽略子民的幸福。毫无疑问，如果能够选择，他们也想过得安稳些，但君王很少能按自己的意愿生活。

我坐在椅子上，没有人奉承，也无人向我祈求赏赐。我可以自由出行，不会有人跟踪或窥视我。晚上睡觉时，也不会梦到阴谋和叛乱。如果国王不能做到这些，那么他可能没我一半快活。

亨利七世即位后不久，就和约克家族的女继承人伊丽莎白公主结婚了，这标志着约克家族和兰开斯特家族间争斗的结束。亨利七世在位时,有两个人十分觊觎他的王位。一个是兰伯特·西姆内尔,他假装是爱德华四世的侄子——爱德华·金雀花。但真正的爱德华·金雀花其实被关在伦敦塔里,当本尊露面后,众人才察觉被骗,西姆内尔一下失去许多支持者,只有几千名爱尔兰和外国士兵依然追随他。1487年,他们在兰开夏郡登陆并发动叛乱,不过他们最终在一场战斗中败北。历史上有太多人曾为王位争斗厮杀,有时间的话,我真想仔细数数。

第二个觊觎王位的人是珀金·沃贝克,他自称约克公爵,还说爱德华五世是他的哥哥。珀金得到一支康沃尔军队的支持,不过他最终还是输了。1499年,他在泰伯恩刑场被处决。王位也不见得比扶手椅舒适,如果他不觊觎王位,也就不会丢了小命了。

亨利七世统治时期,克里斯托弗·哥伦布[1]于1492年发现巴哈马群岛,1498年,他又发现了美洲大陆;1497年,英国人塞巴斯蒂安发现纽芬兰;好望角海岬变宽了1倍多;在1497年,瓦斯科·达·伽马[2]发现了通往印度的路;裁决法院星法院[3]成立;先令不再只以纸币形式发行,还发行了硬币样式;英格兰建造了一艘大型战争船舶;建筑开始采用华丽的都铎风格。

亨利七世于1509年去世,就葬在威斯敏斯特的亨利七世礼拜堂。之后,他的儿子亨利八世继任了王位。

这一时期是历史上著名的改革时代。马丁·路德和约

[1]意大利探险家、航海家,在1492年到1502年间曾4次横渡大西洋,并且成功到达美洲。

[2]15世纪葡萄牙航海家,从欧洲绕好望角到印度航海路线的开拓者。

[3]1570年,伊丽莎白一世将枢密院的司法委员会改组为直属女王的皇家出版法庭,即星法院,以加强封建统治及对当时的新闻传播行业进行监管。

翰·加尔文[1]等改革者相继出现，并获得了众多追随者。

亨利八世可以说是一个暴君，他滥用权力，残害了很多官员。1540年，托马斯·克伦威尔[2]去世；1535年，托马斯·莫尔[3]去世；1535年，罗切斯特主教被迫害致死；除此以外，还有别的一些人也惨遭不幸。就在处死诺福克公爵的前一天，国王去世了，公爵也因此逃过一劫。

亨利八世在位时发生了许多重大事件，比如说：詹姆士·霍华德爵士当上海军第一上将；白厅和圣詹姆士宫建成；西班牙人征服了墨西哥和秘鲁；伦敦圣保罗学校和伦敦皇家内科医学院成立；《圣经》第一次被翻译成英文；英格兰率先培育出了许多优质水果和啤酒花；大学和学院开始教授古典文学，包括希腊文学；英格兰开始使用棉线、别针和钱币；造船工业扩大；第一次任命国务大臣；威尔士派代表参加议会。亨利八世于1547年去世，他留下了两女一儿，分别是阿拉贡的凯瑟琳的女儿玛丽，安妮·波林的女儿伊丽莎白，还有简·西摩的儿子爱德华，爱德华后来继承了王位。

爱德华六世加冕时年仅9岁，萨默塞特公爵成为英国的护国主，并兼任国王监护人。

之后，诺森伯兰公爵当上护国公，他是贵族的儿子，后来他的儿子娶了才貌双全的简·格雷女士。简·格雷是王位第三继承人，排在她前面的是国王的妹妹玛丽和伊丽莎白。

[1]16世纪法国著名的宗教改革家、神学家、法国宗教改革家，基督教新教的重要派别加尔文教派的创始人。

[2]英国近代社会转型时期杰出的政治家，英王亨利八世的首席国务大臣。他的节节高升引发了世袭贵族的仇视，在他们的陷害下，1540年他被亨利八世判处斩首死刑。

[3]欧洲早期空想社会主义学说的创始人、人文主义学者和政治家，代表作有《乌托邦》。1535年因反对亨利八世兼任教会首脑而被处死。

爱德华的健康状况日益下降,如果爱德华去世,玛丽就会继承王位。因为玛丽是天主教徒,所以诺森伯兰公爵很担心新教会被破坏。他于是建议国王将王位传给简·格雷,一番劝说后,爱德华和枢密院都同意了,并拟定了一份诏书。但诏书还没得到议会批准,爱德华就于1553年去世了,年仅16岁。大英博物馆至今仍保存着他的日记,从中可以了解他在位时的一些情况。他的死对英格兰来说是极大的损失。在他统治时期,郡县建立了治安长官;人们开始栽培葡萄;出现了币值为6便士的硬币;新教牧师开始有权结婚。

55 简·格雷女王

记得我第一次航海的时候,船只遇上了风暴。我当时正在主桅顶部,我的一个同伴意识到危险,朝我大叫:"抓紧了,彼得! 主桅倒了可就完蛋了。"一旦主桅倒了,海员也会跟着倒下,再也爬不起来了。英格兰历史里不乏这样的例子,为了王位,许多位高权重的人最终都倒下了,就像船的主桅倒了一样,再难起来。

爱德华六世去世后,简·格雷夫人就声明自己是女王。次日,她搬进安全的伦敦塔后,就正式宣布自己为女王。但大部分人支持的是亨利八世的女儿玛丽,议会宣布玛丽是女王,玛丽领军进入伦敦。简·格雷很快被议会废黜,在位仅9天。她和丈夫都被囚禁在伦敦塔中,她忠实的追随者们同样也被囚禁在塔中。简·格雷夫人对王位不是很在意,她只是因为宗教原因被推上英王宝座,所以当她失去王位时,也没有感到十分难过。

很快,玛丽加冕,几乎同一时间,她决定和西班牙菲利普王子成婚。一想到会有一个外国王子来管理他们,人民感到很不满,于是发动了起义,不过很快就被镇压了。

简·格雷女王之死

公元1554年,简·格雷夫人和她的丈夫以谋反罪的罪名被处死。她的父亲萨福克公爵和曾经支持她的人也遭遇了同样的命运。不久之后,菲利普王子登陆了英格兰,并娶了玛丽。

玛丽一世统治晚期,英国在对法战争中丧失了在法国的最后一片广袤土地——加来。

这件事对女王打击很重，她说加来这个词会一直铭刻在她的心上，直到她死去。

玛丽在位时期，英格兰第一次出现了四轮马车；饮水玻璃杯出现了；人们开始种植亚麻和大麻；淀粉的作用被发现。在那个时候，留长长的胡须成了一种时尚，颇具复古意义。

玛丽女王于1558年去世。她性格残忍，当我们谴责别人残忍的时候，我们也要防止自己犯同样的错。不管如何，一定要与人为善。我自己就很讨厌刻薄和残忍的人！

1558年11月17日，玛丽一世逝世，伊丽莎白继位。

1558年，苏格兰发生暴乱，苏格兰玛丽一世（苏格兰女王玛丽一世与她的表姑英格兰女王玛丽一世，因在位时期大致相同，所以经常被人错误地混为一谈，前文所指的玛丽，是英格兰女王玛丽一世）逃到英格兰避难，不过，她却被伊丽莎白扣押监禁起来。

1586年，英格兰议会通过了一项法律，大意是：任何想谋害伊丽莎白的人都将受到惩罚。立这项法律的真正目的其实是为了处死玛丽。

不久之后，玛丽被指控意图谋害伊丽莎白，于是她被拉去受审。19年的监禁令她的四肢不再灵活。

接受审讯时，玛丽不能邀请法律顾问，指控她的主要物证是信件，据说信件是从她的两名秘书那里搜到的，但她们当时在监狱里。玛丽否认信件是自己的,她要求传秘书做证,但审讯官拒绝了她的请求。

后来,玛丽被定罪,伊丽莎白最初还假装不忍心,但玛丽最终还是因谋反罪而被押上断头台。公元1587年,她死于福泽林盖城堡。

公元1588年,西班牙国王菲利普二世——英格兰玛丽一世的丈夫——企图入侵英格兰。他召集了一支庞大的舰队,包括135艘大型军舰,载着2636尊铜炮,此外,还有一些小型船舶,载着19295名士兵,8456名海员,700名志愿兵,2500名奴仆,600名僧人。这是有史以来最强大的船队,西班牙人将其命名为无敌舰队。另外还有约3万

西班牙无敌舰队

人的军队，由帕尔马公爵担任指挥官，准备在英吉利海峡支援无敌舰队。

同时，伊丽莎白也准备好迎战，她的臣民都愿为祖国而战。英格兰组建了两支船队，召集了8万人的军队，分散到英格兰南部各地。

一支约3万人的军队驻守在蒂尔伯里堡，保卫着伦敦，伊丽莎白女王骑在马背上向他们致以慰问，她鼓舞战士们，向他们保证不会让西班牙人占上风，有必要的话她会亲自带领他们去战场作战。

到达英吉利海峡后，西班牙人在与英格兰的几场对战中都处于下风。帕尔马公爵的军队完全插不进去，最终，他们不得不撤回苏格兰北部和爱尔兰。这也意味着军队又要经过爱尔兰沿岸，还要再在那里经受一次风暴打击，最后只有53艘船返回了西班牙。

为了庆贺胜利，伊丽莎白游行至圣保罗，举国洋溢着欢乐的气氛。伊丽莎白一世统治时期，也发生了很多大事，比如说政教合一；女王首次穿上了丝袜；怀表出现；亚麻成为造纸原料；望远镜、十进制运算、刀和报纸出现；英格兰开始运用意大利式的记账方法；弗朗西斯·德雷克爵士乘船环游世界，还将土豆从美国引入英格兰；沃尔特·罗利爵士从西印度群岛带来烟草；荷兰人将中国茶引进英格兰；开始出现捕鲸团，且鳕鱼渔业得到发展；英格兰制造商出口了各式布料和金属。

1603 年,伊丽莎白女王去世,詹姆士一世继位。詹姆士是苏格兰玛丽一世的儿子。他既是大英帝国的詹姆士一世,同时也是苏格兰的詹姆士六世,他使英格兰和苏格兰联合成一个王国。之前我和你们讲过的火药阴谋就发生在詹姆士一世时期。

詹姆士一世统治时期,伦敦开始建造砖房;赛马活动从纽马基特开始流行,最后风行全国;英格兰生产了大批丝绸;铜钱投入使用;1614 年,纳皮尔[1]创造了对数;1619 年,哈维[2]发现了血液循环系统。

另外,虽然英格兰和苏格兰接受同一个国王的管理,但直到一个世纪后,王国才真正实现统一。

1625 年,詹姆士一世去世,他的儿子查理一世继任。查理继位时,很多人对下议院不满,要求重组下议院。查理虽然勉强同意了,但他觉得自己的权威受到了挑战,对此十分不高兴。于是,他解散了议会,决定暂时不设议会,独自管理国家一段时间。

1640 年,由于急需资金,查理一世重新召集已解散 11 年的议会。为了避免再次解散,议会下定决心要维护合法权益。最终,查理一世被迫宣布议会将永久存在,并保证不再解散议会,也不会随意休会。议会着手审判并处决了几名反对者,包括斯特拉福德伯爵和坎特伯雷大主教劳德。他们还要求将自卫队划给议会管理,但遭到查理一世的拒绝。1642 年,议会和国王各召集了一支军队,大战一

[1]苏格兰数学家。

[2]英国 17 世纪著名的生理学家和医生。他发现了血液循环的规律,奠定了近代生理科学发展的基础。

261

触即发。

这场争斗持续了一段时间,两军相持不下,平分秋色。但在 1644 年的马斯顿荒原战役[1]和 1645 年的内斯比战役[2]里,国王军失败,查理一世虽然逃到了苏格兰,但最终还是落入议会军手中。过了一段时间,下议院对他进行审判,状告他试图侵犯人民的权利。

下议院组成了正义法庭,但上议院拒绝参与进去。法庭召唤并提审了查理一世,他不愿辩解,他说臣民无权审判他。然而,他最终被判处死刑,于两天后执行。

去世前,查理一世要求见孩子们一面,分别场面尤其感人。他先亲切地和女儿交谈了一会,给她提了很多好建议。然后,他把 3 岁大的小儿子紧紧搂在怀里。

可怜的国王!我敢说他一定把小家伙抱得很紧,小家伙肯定也紧紧地搂着他的脖子。他对小儿子说道:"他们要砍了你父亲的头,再选你为国王。孩子,记住我的话:只要你的哥哥们还活着,你就不要当国王。他们有一天也会砍掉你哥哥们的头,之后就轮到你了。千万不要照他们的话当上国王。"据说,孩子听完这番话后号啕大哭起来。

[1] 英国资产阶级革命时,国会军同国王军队之间的一次著名战役,1644 年 7 月 2 日,克伦威尔率部击败王军,成为英国内战的转折点。
[2] 又译作"纳西比战役",英国资产阶级革命时期的一次重要战役,1645 年 6 月,国会军与王军在纳西比附近展开决战,克伦威尔率部大败王军,为国会军在内战中获胜奠定了基础,也使克伦威尔掌握了军事力量。

查理一世与家人告别

　　每当我想到这幕，我仿佛就看到查理一世的照片，照片中，他戴着宽边高冠帽和羽毛，穿着长袖，脖子上围着有褶蕾丝，穿着及膝长靴，佩戴着一把宝剑，膝盖和脚背上搭配着圆花饰。

　　查理一世统治时期，议会开始征收消费税和地产税；星法院被废除；邮局出现，人们开始通过邮局传递信件；国家授予酒吧许可，承认其存在的合法性；气压计被发明并投入使用；爱尔兰开始出现亚麻制造业。

　　自1066年以来，查理一世已经是第九位死于非命的英国君主。当国王又有什么好呢？除了亨利五世，所有和法国公主联姻的英王都遭到了反对,最终都没有好下场。可见,想要通过和外国联姻来稳固民心实在是不太可取。

56 废除议会

位高权重的人之间经常发生流血事件,可是这些刀光剑影丝毫没影响他们对权位的渴求。假如我是国王、王子、公爵或领主,我明天就会离开自己波士顿的小房子,出海躲到一个安全的地方,直到危险过去。王位带来的荣耀和权力就这么吸引人吗?竟有这么多人趋之若鹜。

查理一世去世后,下议院驱散了上议院,并成立了一个国家委员会以监管议会事务。

苏格兰和爱尔兰都承认查理二世——已故君主的儿子——为国王。奥利弗·克伦威尔是一名议员,曾担任爱尔兰陆军中尉,在他的指挥下,英国政坛变得混乱,国家陷入了一系列争斗。

克伦威尔进军苏格兰,并包围了那里的保王党军队,迫使他们转移到英格兰。之后,1651年,克伦威尔率军在伍斯特战役中击败了保王党。

查理二世逃到欧洲大陆,但由于克伦威尔悬赏缉拿他,他处境危险,不得不乔装成不同的人。有一次,他被追得太紧,只得躲到一棵橡树上。追赶他的士兵骑着马从树下经过时,谈论着要如何尽快逮住他。

此时,英格兰由长期国会管辖,之所以叫长期国会是因为之前宣布议会永久存在。议会打算裁军,但克伦威尔觉得这会摧毁他的权力,因此他一心想阻止此事。

克伦威尔希望议会自行解散,但遭到议会反对。最后,他带着一队士兵去了下议院,解散议会,驱散议员,并锁上了议会大门。从此,英吉利共和国成立,直到1653年才解体,历时4年零3个月。

为了避免非议,克伦威尔打算保持议会的形态,他任命139人处理立法相关事务,但这些人很快也被撤职了。为了拥有至高无上的权力,克伦威尔强行通过了一项条例,并自任"护国公"。有些人打着为人民服务的旗号,其实是为自己谋利,这种事真是屡见不鲜了。议会的权力全部转交到克伦威尔手上,由克伦威尔一人独掌大权。

直到1658年去世前,奥利弗·克伦威尔一直担任护国公。其间,邻国都十分敬畏英格兰,不敢轻易招惹它。

克伦威尔统治时期,英国涌现了一批著名人物,如约翰·弥尔顿[1]、亚伯拉罕·考利[2]、约翰·德纳姆[3],以及托马斯·霍布斯[4]等人,还有欧洲大陆上的开普勒[5]和伽利略[6]。

克伦威尔死后,由其子理查继承护国公一职。但理查的才华和领导力都远不及他父亲,另外,军队的军官曾受

[1] 17世纪英国诗人、政论家、民主斗士,英国文学史上最伟大的诗人之一。代表作有《失乐园》。

[2] 17世纪英国作家、诗人和散文家。代表作有《品达颂》,其作品以散文最为优秀。

[3] 17世纪英国文坛诗人。

[4] 英国著名政治家、哲学家,被认为是自由主义的奠基人之一,代表作有《利维坦》。

[5] 德国杰出的天文学家,他发现了行星运动的三大定律,分别是轨道定律、面积定律和周期定律。同时他对光学、数学也做出了重要的贡献。

[6] 意大利物理学家、数学家、天文学家及哲学家,为牛顿的理论体系的建立奠定了基础。

他父亲的严厉管制，现在他们决心将最高权力掌握在自己手中。他们废黜了理查，遭克伦威尔解散的长期国会重组，议员们交替管理国家。自1640年克伦威尔掌握政权以后，国会始终处于一种规模小、不具有代表性的非主流地位，史称"残缺议会"。英国当时政坛混乱，国会商讨后遂声明复辟君主制，查理二世因此得以返回英格兰。

查理二世同意不计过去的恩怨，推行宗教自由，并支付所有拖欠军队的款项。1660年5月29日，他在多佛登陆，回到伦敦，民众夹道欢迎。

查理二世统治时期，1665年，爆发了一场瘟疫，瘟疫感染了10万伦敦居民。次年，伦敦一场大火摧毁了400多条街道、89座教堂和13500所房子。这是不是很可怕？

伦敦大火

　　当时宗教和道德观念发生了很大变化,基督教徒的生活由原来的严肃自制变得残暴放荡,法院和上层社会因严重的道德罪而臭名昭著,影响了社会各个阶级,因此人们普遍认为这是上帝对人类的惩罚。

　　查理二世还残忍迫害苏格兰盟军,两方军队进行了两场大战,不过都以盟军的失败而告终。1685年,查理二世去世,他的弟弟詹姆士继位。

　　查理二世在位时期,还有一些大事发生,比如说:议会通过了《人身保护法案》;英国皇家学会成立;圣公会在英格兰恢复重建;英国皇家骑兵卫队成立;人们首次用辉格党和托利党指代英国两个不同的政党;船旗开始被当作信号标志,广泛用于海上;人们在斯塔福德郡发现了盐矿矿井。

　　詹姆士二世继位后不久,就着手复兴天主教。此举引来人们的诸多不满,后来,他们向奥兰治亲王威廉寻求帮助。1688年11月5日,威廉带领军队在托贝登陆。

　　奥兰治亲王是查理一世的外孙,也是名新教徒,他娶了詹姆士二世的大女儿玛丽。许多曾受詹姆士宠爱的贵族和官员也背弃了他,转而携带一大部分军队加入了威廉的阵营。

　　詹姆士逃到法国,在那里,他得到国王路易十四的殷勤招待。一般议会由君主召开,詹姆士离开王国后无法召开议会,于是威廉召集了一次"惯例议会"(惯例议会一般在王位空缺的时候召开，比如内战后将王位授予查理二世的就是一个惯例议会）。惯例议会发出申明，大意如下：詹姆士于12月11日逃离伦敦时就已经自动放弃王位了，加上詹姆士还企图颠覆新教，因此王位处于空缺状态（会议没有将王位授予詹姆士的儿子）。会议决定立詹姆士的女儿玛丽为女王，让她与她的丈夫威廉三世共同统治英格兰。这一重要事件发生在1688年，被称为"光荣革命"。

詹姆士在爱尔兰还有很多支持者，他到达那里后召集了一支军队。威廉也聚集了30万大军，1690年，一场战役在博伊恩打响，威廉取得了胜利。

詹姆士起航去法国，后来他想在法国召集军队卷土重来，可是并未成功。假如詹姆士重登王位，政府和人民将会面临翻天覆地的变化。

为了使詹姆士二世复辟，詹姆士的支持者多次计划暗杀威廉。幸运的是，这些阴谋都被及时扼杀在摇篮中，未能得逞。流放途中，詹姆士于1701年在法国去世。

国会授予威廉王位时，让他签署了《权利法案》[1]，法案规定国王不得以权威擅自废除法律或在法律实施中僭越权力；未经议会同意，国王不能征收金钱；受审者有权申诉；未经议会的同意，国王不得在和平时期征募和维持常备军；国会内之演说自由、辩论或议事之自由，不应在国会以外之任何法院或任何地方，受到弹劾或讯问；为申雪一切诉冤，并为修正、加强与维护法律起见，国会应时

[1] 英国资产阶级革命中的重要法律文件。确立了议会所拥有的权力高于王权的原则，标志着君主立宪制开始在英国建立，为英国资本主义的迅速发展扫清了道路。

常集会。总之,政府最终应该为公共利益服务。

威廉三世坠马

    1702 年,威廉三世从马上跌下,这也间接导致他的逝世。当时,他正骑马从肯辛顿去往汉普顿,马不小心绊倒了,他也摔断了锁骨。摔下马后,他很快得到救助,当天就坐马车回肯辛顿疗养。如果他身体健康强壮,那么他很可能会痊愈,遗憾的是他身体比较虚弱,最后不治而亡。

威廉统治期间，俄罗斯的彼得大帝来到英格兰，并在德特福德担任造船匠，目的是学习造船技术，并教给他的臣民。我听说过不少国王的事迹，但从来没有听说有哪个国王会在船坞当一个普通的造船匠。

威廉三世在位时期，《王位继承法》通过；国债以固定债券的形式呈现；英格兰银行成立；议会定下三年一度的规定；国家允许发行公共彩票。这段时期还涌现了以下杰出人物：丹尼尔·笛福，《鲁滨孙漂流记》的作者；约翰·洛克，思想家、哲学家和著述家；艾萨克·牛顿，思想家、哲学家和著述家；罗伯特·玻意耳，物理学家、化学家和自然哲学家等。

57 安妮女王

威廉三世死后，安妮即位为英格兰女王。安妮是詹姆士二世的第二个女儿。安妮是新教徒，之前她和姐姐玛丽一起反对其父用专制手段使英格兰天主教化。两个女儿的背叛对詹姆士的打击很大。詹姆士亡命之后，议会决定让威廉在有生之年统治英格兰。关于这点安妮也默认了，也就是说，假定威廉死后无嗣的话，她才有继位权。1701年，英国议会通过《王位继承法》，法案规定英国王位不能传给天主教徒。安妮的弟弟詹姆士是罗马天主教徒,安妮的姐姐玛丽已经去世,因此,法案规定,威廉三世死后,王位应传给詹姆士二世的第二个女儿安妮。于是,安妮登上王位。

安妮女王和丹麦王子乔治结婚。安妮一生过得十分不圆满,她虽有许多子女,但个个早逝。安妮女王在统治的大部分时间都忙于对外战争。在莫尔伯勒公爵和彼得伯勒伯爵的领导下,英军取得过好几次胜利。其中最著名的1704年的德国布莱尼姆战役,指挥官是莫尔伯勒公爵,为此女王将伍德斯托克公园赐给他,还为他建了丘吉尔庄园(也称为布莱尼姆宫)。

自詹姆士一世起,苏格兰虽然一直由英格兰君主管理,但它一直拥有独立议会。1707年,英格兰议会与苏格兰议会合并,实现两个国家真正的联合,奠定了大英帝国的基础。在议会组成方面,苏格兰拥有16个上议院席位,45个下议院席位。

安妮女王统治时期,温斯坦利建的埃迪斯通灯塔倒了;苏格兰和英格兰议会首次合并;政府掌控了邮局的管理权;约瑟夫·艾迪生与斯蒂尔等人合作出版了《闲谈者》《旁观者》和《卫报》;蒸汽机被发明出来;开始发行本票(一项书面的无条件的支付承诺)和新闻纸邮票。

安妮女王卒于1714年,她死后,乔治一世——汉诺威选帝侯[1]——成为国王。乔治是詹姆士一世的女儿的

[1]占有德国汉诺威地区的选帝侯。选帝侯是德国历史上的一种特殊现象,指拥有选举皇帝资格的大贵族,包括大公、大主教等。1701年通过的《王位继承法》规定,王位应该传给汉诺威选帝侯夫人索菲娅的有血缘关系的后代。故乔治一世有继承权。

后裔。

詹姆士一世的孙子圣乔治曾想篡夺王位。为了将他送上王位，他在英格兰和苏格兰的追随者发动了一些叛乱。圣乔治来到苏格兰，在那里宣布自己是国王。不过反叛最后被镇压了，许多带头叛乱的人也被处决。后来，圣乔治乔装逃到了欧洲大陆。

乔治一世在位时，为防止暴动集会，议会通过了《取缔暴动法》，也通过了《七年议会法案》，规定议会一届最高不得超过7年；南海泡沫事件开始，这是一场经济泡沫事件，超过一半的贸易合作社破产，自杀率大幅上升；奥地利加入英国、荷兰及法国原组成的三国联盟，成为四国同盟，以共同对抗西班牙；开始接种天花疫苗；东印度公司垄断与印度的贸易。

乔治一世在1727年去世，之后，他的儿子乔治二世继位。

在此期间，查理·爱德华也想夺得王位。他登陆苏格兰的时候只有7名追随者，后来逐渐增至近6000人。他的军队甚至在福尔柯克和普雷斯顿潘斯两次击败国王的军队。他们还攻下了爱丁堡、斯特灵和卡莱尔。

圣乔治接受卡莱尔钥匙

我可以想象出他的样子,穿着苏格兰短裙,拿着一把宽剑,腰带上别着一对手枪。他勇敢无畏,攻下卡莱尔后,卡莱尔大臣戴着假发,身着长袍向他行跪拜礼,并把城门钥匙放在天鹅绒垫子上呈给他。

不过无论查理·爱德华多勇敢,英格兰都不会拥他为国王。他的军队长驱直入,攻到了英格兰中部城市德比,但最终不得不撤退到苏格兰。在卡洛登,爱德华的军队败给了坎伯兰公爵带领的军队。爱德华乔装躲藏,熬过艰苦的几个月后,他最后逃到了法国。

乔治二世统治时,英法进行了大战,在此期间,英国在海陆两地取得了多场战争的胜利,其中在 1759 年加拿大魁北克的一场战斗中,詹姆士·沃尔夫[1]将军被杀害。沃尔夫将军曾取得多次成功。在加拿大亚伯拉罕高地,他遇上法国军队,激战中,敌方射手对准他射击,他的手腕不幸中枪。

沃尔夫不是一般的那种轻易放弃的人,他拿手绢将手腕上的伤口包住,继续指挥军队。不久,在他杀向掷弹兵团时,胸口中了一枪,于是一头跌了下来。

[1]18 世纪英国海军陆战队的军官,在对外殖民地掠夺的战争中,屡建军功,于 1759 年升任为远征魁北克的司令官。在攻打魁北克时,不幸身亡。

沃尔夫将军之死

他靠着一个士兵的肩膀休息时,还不忘关心战况,其间,还大喊了一声:"他们跑了!"他坐在地上,面临着死亡的痛苦,周围尽是大炮轰鸣。一个士兵握着一面从敌人手中夺得的旗帜,加速朝他跑来,告诉他胜利的好消息。他挥舞自己的三角帽,宣布胜利。他暂时恢复了一点精神,并告诉周围的人知道英国获胜,他死而无憾了。之后,他永远地闭上了双眼。

乔治二世统治时期,海军准将乔治·安森进行了环球航行;1752年,采用新版日历;建了多座灯塔;各类杂志和报纸比比皆是。

1760年,乔治二世猝死,他的孙子乔治三世登上了王位。

讲到现在,故事已经逐渐接近尾声了。你们可能觉得这段历史过长,因此感到疲倦。在讲下一段历史前,我先换个话题,谈谈英国的黄金马车,希望你们感兴趣。之后,我再接着讲完这段历史。

离开英国前,我觉得一定得看一下国王乘坐的黄金马车,马车由8匹白色骏马拉动,马儿拖着长长的尾巴,格外俊美。

58 黄金马车

我想和你们描述一下英国的黄金马车,即使踏遍美国,你们也找不到比它更宏伟的马车。与英国相比,美国这个国家还很年轻,风俗习惯没那么多,也没有那么多空闲资金,更不会花费7000英镑打造一辆马车。你们可能不太相信,但我说的句句属实。英国君主的马车造价超过7000英镑,还没算上常年修马车所耗的费用。

黄金马车

如果我是一个君主,并想得到人们的注视,我绝不会打造那么宏伟的一辆马车。我担心百姓只关注镀金马车、帅气的白色骏马,却忽视了我本人。你们会不会觉得我这个想法很古怪?

黄金马车造成已有70年左右,设计师是威廉·钱伯斯爵士,他后来亲眼见到成品。虽然名字中带有"黄金",也确实华丽精致,但马车并非由真正的黄金打造,而是由镀金的木头制成。马车的造型细节与英国皇室的历史密切相关。车上装饰着四个特赖登雕像,特赖登是传说中的海神,上半身像人,下半身像鱼。两个海神雕像设在前方驾驶座,吹着海螺,似乎在宣布海洋君主大驾光临。车夫的脚踏板上装饰有一个大贝壳,还有一些海底植物。你们可能在绘图里见过古老的战车,黄金马车的车轮就和战车车轮相似。车厢的支柱酷似长矛,车顶由8条镶金的棕榈树枝环绕。车顶中央的3个小天使分别代表英格兰、苏格兰和爱尔兰,天使手上各自拿着帝国皇冠、宝剑以及象征骑士精神的勋章。我想目前世间应该没有哪辆马车能与之媲美。

马车上半部分的棕榈树枝之间嵌着平板玻璃,下方则安装着彩绘面板。下面,我来介绍一下这些画。马车前门画着一个戴着王冠的图形,代表不列颠,旁边围绕着的图像代表着宗教、司法以及其他事物。右边门上的两个图像分别代表勤奋和创新。门两侧的图案,一个代表着历史中取得的荣耀,另一个代表放下战争,追求和平。后门面板绘着海神尼普顿和海马。此外,其中一个面板上绘制了皇家纹章。王冠之下还画着几个图形,分别代表马耳斯[1]、密涅瓦[2]、墨丘利[3],以及人文科学和自然科学。以上就是关于黄金马车外部的全部描述了。

现在,我们来谈谈马车内部。马车里面挂着美丽的红色压花天鹅绒,镶着蕾丝边,金色绣线工艺精湛。车顶中央绘着星星,外面环绕着一圈嘉德勋位徽章。角落中绘着

[1]罗马神话中的战神、罗马的保护神。

[2]罗马神话中的智慧女神、战神、艺术家和手工艺人的保护神。

[3]在罗马神话中是司畜牧、商业、交通旅游和体育运动的神。

玫瑰、三叶草和蓟,缠绕在一起。

马车内部装饰着三种不同徽章,配搭着玫瑰、蓟和橡树叶。车夫赶车的地方铺着红色的天鹅绒布,上面的绣花图案纷繁复杂。

59 乔治三世

在乔治三世统治的大部分时期,英国与好几个国家都打过仗。

美国曾经是英国殖民地,1774 年,它想废除英国制定的一些压迫性法律,可是并没有成功。他们提出抗议,并宣布独立。军队试图平息叛乱,却也只是徒劳罢了。美国人民武装起来,在乔治·华盛顿[1]的领导下反抗英国军队。我就曾参加过美国独立战争。

法国和西班牙承认美国独立,并向它赞助武器和粮食。英格兰因此也对这两国宣战,并在几次与法国和西班牙舰队的战斗中取得了胜利。

西班牙人竭力夺回直布罗陀,他们得到了法国的援助。

[1] 美国首任总统,被美国人称为"国父",美国独立战争大陆军总司令。

围攻直布罗陀

　　英国驻军勇敢守卫，击退各方围攻，发射了大量炮弹，焚毁了对方10艘大型军舰。1783年，西班牙军队彻底宣告失败。

　　关于查塔姆伯爵[1]的逝世，我想简单提一下。他十分睿智，在英国历代部长中，他的口才是最好的。

　　他当时身体不舒服，本不该去上议院开会。但他想对一件重要的事发表自己的看法，因此他决定参加会议。可这事对他来说太吃力了，结果会议才进行到一半，他就突然去世了。可以想象出他倒下的时候现场有多混乱，在场的议员们都赶忙冲上去救他，可惜最后也没将他抢救回来。

[1]本名威廉·皮特，第一代查塔姆伯爵，英国政治家。

查塔姆伯爵之死

英国议会拨了2万英镑去偿还他欠下的债务,并每年给他的儿子和继承人4000英镑的年金,还用公费在威斯敏斯特教堂为他竖立了一座纪念碑。

美国独立战争[1]一直持续到1783年,最后,英国军队被迫承认美国独立。

爱尔兰本来拥有独立议会,1798年,爱尔兰发生了一次重大的叛乱,大不列颠和爱尔兰议会打算联合举行议会,尽管也出现了一些反对声,但并没有很大影响。法国在埃及的军队十分庞大,英国的部队则集中在马耳他,负责人是拉尔夫·阿伯克龙比爵士。

[1]又称美国革命战争,是大英帝国和其北美13州殖民地的革命者,以及几个欧洲强国之间的一场战争。

1801年3月,英军出现在埃及阿布基尔附近海域。他们为了准备登陆,花费了不少工夫。首先,光是风浪就阻碍了他们好几天,另外,岸上法军和当地人架设着25架大炮,还端着2500支步枪,不停朝他们射击,想阻挠他们上岸,不过最终英军还是顺利靠岸了。

之后,双方进行了一场战役,英军取得了最终胜利,不过他们的损失也十分巨大,英勇的阿伯克龙比重伤身亡。可怜的家伙!激战中,他被挑下马。尽管他受了两处伤,但他还是拼尽气力从敌军手里夺回武器,并交给了西德

阿伯克龙比之死

尼·史密斯[1]爵士。虽然负伤，他依旧在战场上坚持了一整天，直到战争胜利。一周后，他在舰队司令的军舰上去世，听说他被安葬在马耳他的圣埃尔莫城堡下。

如果要经受太多的折磨，即使拥有成功和财富也不能令我们快乐。国王乔治生了一场大病，虽然他后来恢复了健康，行动灵活了，却没以前那么精神了。后来，他旧病复发，人们猜测可能和他的小女儿阿米莉亚公主的死有关。

阿米莉亚活泼可爱，平易近人，国王一直很宠爱这个女儿。当国王看见她在床上遭受病痛折磨时，他悲伤得不能自已。

阿米莉亚公主之死

282

人们常常误以为国王一定比其他人过得幸福。虽然国王衣服很多，但他不能一次性把所有衣服都穿在身上；尽管他能享用精美丰盛的食物，但他也不能一次吃好几顿饭菜。况且，国王肯定还有很多忧虑，只是我们不知道而已。同我们一样，他也会深感失望、悲伤和痛苦，国王失去了他的女儿，这为他后来的人生蒙上了一层阴云，在他人生的最后10年里，乔治三世陷入永久性精神失常的状态。其长子威尔士亲王乔治自1811年起担任摄政王，摄理君职，直到乔治三世在1820年驾崩为止。之后，其长子继任王位，史称乔治四世。

乔治四世执政之前，西班牙遭受法国入侵，当时的法国国王正是拿破仑·波拿巴。在拿破仑的统治下，法国占领了欧洲大部分领土，西班牙人不愿接受法国的统治，向英国求助。于是，英国派军队去帮助西班牙人。在阿瑟·韦尔兹利[1]的指挥下，英国军队打赢了几场胜仗，因此，阿瑟后来被赐封为威灵顿子爵。在伦敦的海德公园，我看到了威灵顿的雕像，他骑在一匹白马上，威风凛凛。

法国人最终被赶出西班牙，战火很快被引至法国。那些拿破仑入侵过的国家都派大批军队进军法国，占领巴黎，逼拿破仑退位。退位后，拿破仑被流放到地中海上的厄尔巴岛。之后，威灵顿回到英格兰，英国议会很感激他的贡献，封他为威灵顿公爵。这场胜利后，公元1814年，欧洲归于和平。遗憾的是，和平并没有持续多久。1815

[1]第一代威灵顿公爵，英国军人和政治家。后来成为英军的最高统帅，并使拿破仑惨败滑铁卢。

年,拿破仑逃离厄尔巴岛。他带着600多人,乘坐3艘小船回到了法国,他得到法国人民和军队的热情拥戴。之后,他进军巴黎,再次宣布自己为皇帝,还召集了一支军队。

欧洲各国立即对其宣战,他们在法国边境聚集了军队。拿破仑领军与之交战,他首先在林尼战役[1]中击溃了布吕歇尔[2]元帅领导的普鲁士军,接着,他向英军开战。1815年6月18日,滑铁卢战役打响。当时,英军的指挥官就是威灵顿公爵。

1815年6月18日上午10点到11点之间,法国开始不断进攻,不过都徒劳无功。晚上7点,拿破仑亲自带队全力做出最后一次进攻,可是也毫无成效,布吕歇尔元帅带领普军杀了出来,英军预备队同时也发动总攻。法军惨败,在普军追击下,他们拼命逃跑。

滑铁卢战败后,拿破仑无法东山再起。他返回巴黎,再次退位,他本想逃到美国,结果被一个英国舰队中途拦下。

英国人决定饶他一命,把他流放至圣赫勒拿岛。可是,英国人不许拿破仑再次踏入欧洲土地,他被囚禁在小岛上,直至1821年去世。伟大的拿破仑帝王曾经创造过无数辉煌,可后半生却极其凄凉。

这一时期发生了多件大事。1789年,法国大革命[3]拉开序幕,规模空前。1792年,法兰西第一共和国成立。法国大革命推动了英国的民主运动,威胁到资产阶级上层利

[1]1815年在比利时边境城市达博蒙以东10英里处发生的英、普、奥等九国联盟组成的第七次反法战役中的一次会战,是滑铁卢战役的序曲。

[2]普鲁士王国元帅,在数次重大战役中名声远扬。

[3]1789年在法国爆发的革命,影响深远,之后,旧的观念逐渐被全新的天赋人权、三权分立等民主思想所取代。

益,这一事件对英国的影响很大,不过由于英国宪法[1]开始盛行,这个问题得以解决。另外,库克船长创下首次欧洲船只环绕新西兰航行的纪录;主日学校出现;人们在太阳系中发现新的行星;英国国家债务多达8.6亿英镑;电报开始投入使用;1798年,爱尔兰发生叛乱,1801年,它同英格兰结盟;奴隶制度被废除;1804年,拿破仑一世当上法国皇帝;瓦特改良蒸汽机;哈格里夫斯发明了珍妮纺纱机;阿克莱特制造了水力纺纱机。

这一时期涌现了许多杰出人物,比如说著名将军威灵顿、摩尔、阿伯克龙比;海军上将纳尔逊、邓肯、豪威、胡德和罗德尼;政治家沃波尔、皮特、伯克、福克斯和谢里丹;历史学家休谟、吉本、斯摩莱特、罗伯森;哲学家赫谢尔、斯图尔特、戴维、布朗;作家约翰逊、戈德史密斯、库珀、彭斯等;还有工程师博尔顿、布林德利和雷尼。

1820年,乔治三世去世。同年,在伦敦和威斯敏斯特,他的儿子乔治四世宣布自己为国王。

我现在想和你们讲述有史以来最大胆的阴谋。那是乔治四世继位一个月后,几个很穷的恶棍密谋杀害所有大臣,主谋叫阿瑟·西斯尔伍德,这一伙人曾经因叛国罪被审问过。对此你们是不是很惊讶?

哈罗比勋爵的家位于格罗夫诺广场,那时,他准备在家里举行一次内阁晚宴。恶棍们打算趁机开展计划。他们聚集在卡托街的一个马棚顶上。到了夜里,他们把装在

[1]英国的宪法性法律的权威来自于保守主义,拥有保守主义特性,法国大革命爆发后,它的盛行抵消了法国大革命自由主义的一定影响。

袋子里的几样武器搬了上去,包括剑、矛和手榴弹。他们打算一起去哈罗比家,由西斯尔伍德先敲门假装送包裹,一伙人再趁仆人转身搬东西时混进去,杀了各个内阁部长。然而,阴谋并未得逞。一群勇敢的警官和步兵发现异常,爬上了马棚。密谋者们拼命反抗,杀死了一名警官,不过最后大多都被逮住了。西斯尔伍德起初逃走了,但很快也被抓获。其中5人被吊死之后还被斩首,包括主谋西斯尔伍德。

乔治四世的加冕仪式非常壮观。据说,他是有史以来唯一和平占领爱尔兰领土的英国君主,因此很受爱尔兰人民的爱戴。就是在他统治期间,拿破仑在圣赫勒拿岛去世。1817年,国王的女儿夏洛特公主去世了,她的逝世令人们哀叹。之前,公主嫁给了萨克森科堡的利奥波德王子,利奥波德后来成为比利时的国王。

1820年时,国王和他的妻子卡罗琳王后已经分居6年,他指控卡罗琳在国外行为不端,强迫政府提出一项法案,剥夺卡罗琳的王后头衔,并宣布她与国王的婚姻永远无效。由于提出来的大量证据都不足为信,这一法案最终没有通过。

乔治四世统治时期,1830年,新的警察机关成立。这段时间涌现了一些杰出人物,包括杰出外交家坎宁、赫斯基森;诗人拜伦、斯科特;作家米特福德、罗斯科、霍尔克、克拉克;画家韦斯特和劳伦斯。

乔治四世出访了德国汉诺威市和苏格兰，后来于1830年6月26日去世。

克拉伦斯公爵是乔治四世的弟弟，乔治死后，他继承了王位，史称威廉四世。

威廉对英国做出过很多贡献，其中最大的贡献是他在1832年促使议会通过《改革法案》[1]。另外，1831年，他修建了新的伦敦桥；1834年，他取消了东印度公司的贸易垄断；1835年他促进了议会组织改革。在他统治时期，法国在1830年爆发了七月革命[2]，路易·菲利浦被推上王位；1831年，英格兰爆发了亚细亚霍乱，这是一种地方性传染病；1834年，国会大厦被炸毁。这段时间，涌现出了下列杰出人物，比如麦金托什，建筑师和设计师；威尔伯福斯，他推翻了英国奴隶制度；兰姆，作家；柯勒律治，诗人；戈德温，小说家；边沁，哲学家。

1837年，威廉四世去世，维多利亚女王登上了王位。她是肯特公爵——威廉的弟弟——的女儿。1838年，女王在威斯敏斯特进行加冕。1839年，女王的婚姻大事被提上了日程。维多利亚认识了比她小3个月的表弟阿尔伯特亲王，他们于1840年举行了婚礼。1841年，他们的第二个孩子出生，被封为威尔士亲王，也就是后来继位的英国国王爱德华七世。维多利亚女王在位期间，大英帝国极度扩张。

这段时间有一些事值得一提，比如说罗兰·希尔提出的"1便士邮费"的主意。只需1便士,人们就可以寄信到全国各地,这可以称得上是那时最大的公共福利。此外,铁路得到扩建;泰晤士河隧道竣工;1844年,皇家交易所得以重建;1851年,万国工业博览会在海德公园盛大开幕,展示多国产品。

在维多利亚统治时期还发生了其他一些重大事件。1848年,欧洲发生一场大规模的政治动乱;1848年2月法国革命推翻七月王朝,建立第二共和国,不过,1852年拿破仑三世[1]当选法国皇帝,共和国被法兰西第二帝国取代。

我希望你们有机会能去看一看温莎城堡,女王就住在那里。城堡十分美,不远处是弗吉尼亚湖,十分值得一看。还有美丽的温莎公园,也绝对不容错过。

[1]法兰西第二共和国总统,法兰西第二帝国皇帝,为拿破仑一世之侄,他在1848年当选法兰西第二共和国总统,1852年称帝,建立法兰西第二帝国。

弗吉尼亚湖

温莎公园

下面，我得告诉你们我返程的事了，之后，这个长长的故事就全部讲完了。

60 从圣凯瑟琳码头到纽约

我从伦敦圣凯瑟琳码头乘船回家，前往纽约。我们前面有许多别的船只。返程途中我们还遇到了一点危险。船员间差点发生暴动，事情起因主要是他们有点迷信。

周五的时候，我们还在海上航行，船上多数水手都很生气[1]。其实这并没有什么根据，然而，水手们就是这么认为的，没有什么办法能改变他们这样的心态。

[1] 在过去，星期五被认为是不适于航海探险起航的一天，它会使航行最终走向失败。

289

　　总的来说,我们的航程还是很安稳的,我们最终安全抵达了纽约。现在,我已经向大家介绍了我往返英国所遇之事。我不知道下一个故事会和什么有关,但你们不妨多来我这个棕色小房子看看。我从英国带回一些玩具和书,想送给你们,你们喜欢的话尽管拿去。

　　我对你们有一点小小的建议,要互相包容,与人为善。我去过很多地方远游,见识了很多新事物,我一直觉得那些知足、宁静、热爱生活的人是过得最好的。读书使人聪慧,在这世上,没有什么能代替读书。我们要追寻宁静与安和,做个善良的人,恪守法规,努力让人生变得更有意义。亲爱的朋友们,再见!